在自由的路上

解放執著的束縛，找到內心的叛逆佛陀，
渴求的答案就不遠了

Rebel Buddha

On the Road to Freedom

竹慶本樂仁波切 Dzogchen Ponlop——著
哲也——譯

獻給我那叛逆的小佛陀：雷蒙．悉達多．吳

他是我家族生於美國的第一代

【叛逆】

對於權威或傳統中不公義、無理的掌控，
加以質疑、抗拒，拒絕遵從，甚至起而對抗。

【佛】

覺醒的心。

目錄 contents

作者序

生而自由

《在自由的路上》是一次對於「什麼是自由」以及「如何得到自由」的探索。雖然我們有權投票選擇政治領袖、自由戀愛、選擇要信什麼教、拜什麼神、迷哪一位偶像，但在日復一日的生活中，我們大多數人並不真正感到自由。

說到「自由」，必然也要談到它的反義詞：被束縛、不能自主、被自身以外的某人或某物所控制。沒人喜歡如此，一旦發現自己陷入這些境遇，就會立刻千方百計想要脫逃。任何事物一旦限制了我們的生命、自由和對快樂的追求[1]，都會引起我們強烈的反抗。當我們的快樂和自由來到了危急存亡之秋，我們就會搖身一變，成為一個叛逆的反抗者。

每個人身上都潛伏著一種叛逆的潛能，大部分時間它都靜靜休眠著，直到某些時刻才被激發而出。這時，我們如果能以智慧與慈悲孕育它，引導它，它會成為一股正面的力量，將我們從恐懼與愚昧無明中解脫出來；然而如果它的出現是以一種充滿憤怒、不平、自私自利的方式，神經質的展現出來，那就可能變成一股破壞性的力量，那時它傷害我們自己的程度，不亞於對他人的傷害。所以在我們的自由與自主性面臨威脅，叛逆的潛能浮現的時刻，我們是可以有選擇的，我們可以選擇如何反應、如何引導這股能量，讓它在我們省思觀照的過程中扮演部分角色，帶領我們得到了悟，不管這了悟是迅速到來或經年累月之後。

根據佛陀的說法，我們的自由，從來就不成問題。我們生來就已自由。「心」真正的本性是覺醒的智慧與慈悲。我們的心一直都是光明燦爛的覺醒著、覺知著，不過，我們卻總是被惱人的念頭和隨之而來動盪不安的情緒所纏繞，活在迷惑和恐懼之中，找不到出口。我們的問題在於見不到自己最深層的真正面目，認不出自己覺醒本質的威力，只相信眼前看得見的現實世界，信以為真，直到某些事情降臨——一場疾病、一次意外、一次大失所望……才將我們從幻象中搖醒。這時，也許我們才會準備好對以前信以為真的事物提出質疑，並且開始尋找真正有意義而且恆久的真理。一旦邁出了這一步，我們就走上了追尋自由的解脫之路。

1　「對於生命、自由和對快樂的追求」，是《美國獨立宣言》中一段有名的話。

在這解脫之路上，我們所要做的是讓自己從「假象」（illusion）中解脫；而要從假象中解脫，必須找到真相（truth）；而要發現「真相」，我們必須從自己覺醒的心中「招募」一批強大的聰明才智，讓它朝向我們的目標前進，前去揭開、對抗、戰勝那假象的欺瞞。這就是「叛逆的佛陀」的核心任務，也就是說要從所有我們創造出來的假象，不管是世界的假象、自我的假象，或文化與宗教制度中偽裝成「真相」的假象之中，解脫出來，得到自由。

戲法與佛法

首先，我們必須先看看自己生命中的「戲法」，不是用平常的眼睛看，而是用「佛法」之眼來看。什麼是「戲法」（drama）？什麼又是「佛法」（dharma）[2]？我想可以這麼說：「戲法」是那些「演得好像真的一樣」的假象，而「佛法」則是「真相」本身——事物的真實面貌，那不會隨著潮流、心情或每日行程表而變化的根本實相。要把「佛法」變成「戲法」，只要加上一齣好戲所需的戲劇元素：情緒、衝突與動作……只要營造出「有一些意義重大、事態緊急的事情正發生在戲中人身上」的感覺就行了。我們每個人自身的

「戲法」一開始可能只是來自一些簡單的「事實」：我們是什麼樣的人，正在做什麼事……但是這「事實」一旦被情緒和概念火上加油，馬上就發展成「純幻想」，而且變得像夢中的故事情節一樣難以解讀，面目難辨。於是，我們所認定的「真實」就與原本的實相距離越來越遠，我們失去了見到自己真實面貌的能力，沒辦法分辨「事實」與「幻想情節」之間的不同，也不知道怎麼生起一種自覺或智慧，將自己從幻象中解脫出來。

我花了很長一段時間，才分辨出自己生命中的「戲法」和「佛法」的不同。它們看起來是那麼的相似，真是難以分別，不管在東方或西方文化中都是一樣。如今我從都市人的角度，回首早年在寺廟裡的童年時光，那段為了生來就要扮演「仁波切」這角色而接受密集訓練的歲月，我發現在某些方面，這兩種生活方式還真沒什麼不同。

那時候，跟現在一樣，生活中的「佛法」和「戲法」交織在一起。年少時，我就必須肩負一大堆令人咋舌的責任，那是我的工作，比方說，必須護持心靈事業——進行各種儀式、典禮，維繫傳統文化的運作模式於不墜。然而，有時我真看不出這些事到底有什麼意

---

2 「戲法」（drama，戲劇）與「佛法」（dharma）在英文中兩字的拼法只差一個字母，有著發音相似、意義卻完全不同的趣味。這裡的「佛法」一般也簡稱「法」，是佛陀所講述的萬事萬物的真實面貌。

義，它們和真正的智慧之間有什麼關連？雖然當時我還太年輕，不懂得這是什麼感覺，但這小小的疏離感卻驅使我開始探尋：到底什麼才是真實的（因而是真正有意義的）？而哪些只是假象而已？對我來說這真是個左右為難的問題，這是一齣我個人的戲法，我第一次嚐到叛逆的滋味，它挑戰著我的身分認同、挑戰著我在這傳統中生來就要扮演的「未來導師」角色。不過，它也同時將我推向佛法，我自己對真理的追尋就從這裡開始，開始於疑問，而不是答案。

天生反骨

一九七八年的夏天，在接受了八年僧院體系的教育之後，我開始進入「律藏」的學習，那是佛陀所教導的社會學、管理學與戒律，主要是為僧團所制定的。就在我一邊享用這智慧的饗宴，並深受啟發的同時，我還是發現潛伏在心底那小小的叛逆再度浮現出來。和先前所感受到的感覺一樣，那是一種對於空洞的儀式、對於所有宗教性傳統中那種制式價值觀的不滿足感。

接下來，我的學習來到了佛教中所說的「空性」，這下子我完全被搞得一頭霧水、抓不著頭緒。佛陀到底在說什麼啊：這也是空的，那也是空的，桌子是空的，我也是空的……這桌子我明明看得見也摸得著，而「我」這個美好熟悉的感覺也好端端的在這裡啊。然而，當我仔細思維這些教導，才發現原來我從沒跳脫習以為常的思考模式去探索內心。我從來沒去碰觸到內心更深層的面向。搞了半天，原來「空性」是個革命性的發現啊，充滿了無限可能性，可以讓我從一輩子以為萬物真實存在的盲信中解脫出來，重獲自由。我忽然感覺以前那種盲信好像太幼稚、太天真了。光是閱讀這些「空性」的教導，我就覺得好自由。這種自由的感覺在我全心投入修持空性以後，更是有增無減。

那時候我想著，如果我們可以只修持佛陀出自親身體驗所要教導我們的東西，擺脫那些總是圍繞在它們四周的宗教迷霧，那該有多美好！光只是這些教導本身，就已經是提升覺性、開啟了悟的絕佳工具了。然而，要把這些工具和它的宗教外衣區分開來，卻是相當困難的。想想看，當我們收到禮物的時候，包著禮物的精美包裝紙，對我們來說只是一張紙嗎？還是禮物的一部分？還有，購物袋上面的品牌標籤，是不是讓袋子看起來比裡面的商品更有價值？

然而那些宗教儀式和典禮，會比它們真正要讓我們明白的——那無法以言語表達的、關於自我面貌的奧祕實相——更重要嗎？

挑戰文化的制約，打破它的約束，進一步去穿透內心那更細微的制約，不是一件容易的事。然而這卻正是脫離假象、追尋真理所必經之路。每當我思及這樣的自由，一心想要找到勇氣，去打破我那完美主義的亞洲文化裡冰封三尺的繁文縟節時，我總是會想起那位古代的印度王子，悉達多。這位王子的成就到現在都還是心靈革命的完美典範——他對於真理一心一意的追尋，最終讓他達到完全的覺醒，從一切文化和心理的束縛中解脫，得到自由。對於外在世界，他一無所求。他並不是帶著追求個人榮耀與力量的企圖，而展開一場感情用事的旅程，他單純只想知道什麼是真相，而什麼只是假象。他的真心與勇氣總是深深的打動著我，任何想要追尋真理與覺醒的人，也都能從中深受啟發。

是的，追尋真理與覺醒，這就是《在自由的路上》一書的主題。一直以來，我們都在尋找那意義重大的真理：「我是誰」，我們一直在尋尋覓覓；但要找到真理，唯一的嚮導是我們自己的智慧——那內在的「叛逆佛陀」。

經由修行，我們磨練自己的「智慧之眼」和「智慧之耳」，使它們越來越敏銳，讓我們在見到或聽到真理時，能夠認得出它來。不過，這種「看」和「聽」的藝術是需要學習的。有多少次，我們覺得自己已經很有雅量、心胸開放了，但卻什麼也進不了自己的心，因為其實我們心中早已充滿各種先入為主的成見、評斷，對事情自有一套看法，我們比較想要得到的，其實是他人的肯定，在那些我們自以為都懂的事情上按「讚」表示認同，而不是學習嶄新事物。然而當我們真正把心打開的時候，會發生什麼呢？那時，就會有一種開闊的感覺，一種「歡迎光臨」的感覺，一種好奇心，一種和「超越尋常自我的某種事物」連結上了的感覺。在那種情況下，我們就可以聽到「真理」要告訴我們什麼了，不管這「真理」是來自一個人、一本書，還是來自我們自己對這世界的覺知。這就好像聽音樂一樣，當你完全融入音樂之中的時候，心就到了另一個境界，你的聆聽不再帶著判斷、理性的詮釋，因為你是用你的「心」在聽。傾聽真理的方法，也應該是如此。

如果你能在這樣的境界中感受真理，那時你所領受到的實相是赤裸無飾的，超越了文化、語言、時間和地域。這就是悉達多王子「成佛」時所發現的真理。成「佛」，也可說是成為一位「覺醒者」——醒悟過來而認出自己的真實面貌，認出那超越了個人「戲法」和不斷變換的文化形象（cultural identity）的真正自我，這是一種將「假象」還原回本然「實相」的過程。這種轉化，就是在本書所要探索的心靈革命。

在深深思考過自身所受的訓練之後，在此我試著想要呈現給現代讀者們的是：褪去了文化外衣的佛法心靈之旅。

跳出「文化」之外

在我所扮演的老師這個角色中，我想做的只是將佛陀的智慧分享給大家，將我在「傳統」和「現代」兩套修學方式中得到的經驗分享給大家。近年來，在教學中，我也試著釐清一些對於佛教常見的誤解，特別是人們習慣把亞洲「佛教文化」當做是佛教本身的傾向，而方法是將佛法的核心本質——智慧與慈悲的結合，呈現出來。儘管不易釐清脈絡，但種種經驗讓我看見，文化在我們生活中具有近乎令人盲目的影響力，這也讓我感覺到超越文化的視野有多麼重要；如果真的想要了解我們自己、想要了解我們的社會的真實面貌，那我們應該要看出事物的「形象」（identity）、「意涵」（meaning）與「文化」之間相互依存的關聯性。

既然學習佛法的目的是得到自由，而達成此目的所需的是智慧，那我們應該問問自己：什麼是真正的智慧——那帶來解脫而非束縛的知識，我們要怎麼認出它來？它在這世界上，在我們的生活中，會以什麼樣的面貌出現？它有什麼樣的文化形象嗎？生活中常見的社會規範、宗教法則就是真實智慧的展現嗎？這些問題促使我為學生進行了一系列探討文化、價值觀與智慧的課程，您手上的這本書，就是摘選自這些課程的內容。

要將佛陀的智慧從某種語言、文化，移植到另一種語言、另一種文化之中，不是一件容易的工作，光靠良善的發心似乎還不夠，而且這不只是一個「方向性」轉移的問題，不只是「從東方到西方」這種地理方位的轉變，同時還有年代更迭的「時間性」問題。當我們去拜訪一個鄰近國家，儘管風俗習慣和價值觀都不同，但總會找到與當地人溝通的方法，因為大家同樣都是二十一世紀的現代人，拜此之賜，我們有許多共同的觀點和思考方式。但如果把我們傳送到兩、三千年前的過去，或兩、三千年後的未來，該如何和那個時代的心靈溝通呢？那可得好好想想辦法了。

同樣的，我們必須找到一個方法，以現代人的理解方式和感受方式，來和這些古老的智慧教法打交道。只有當我們脫下不合時宜的文化外衣與社會價值觀的時候，才能看到智慧本身赤裸無飾的全方位面貌，才會知道它能為現代世界帶來什麼貢獻。如果我們一直緊抱著東方或西方的文化習慣和價值觀的空殼子，古老智慧與現代心靈之間就不可能真正結合在一起。

如今東西方之間原本的巨大差異，已經前所未有的消融於全球化的趨勢中，全球化為我們帶來共同的麻煩，也帶來共同的希望。從印度新德里到加拿大多倫多，再到美國德州聖安東尼奧，人們一樣用 Skype 溝通、談生意，上臉書分享大小事，上 YouTube 看一些傻不楞登的影片，還一邊喝著星巴克咖啡。我們也都同樣承受著恐慌症與憂鬱沮喪之苦，只是我可能服用「煩寧」（Valium，鎮靜安眠用的成藥），而你採用中醫藥方。

然而每個文化也各有其聆聽世界、觀看世界與詮釋世界的方式。當某個社會運用它自身的歷史、語言和心理特點的力量，讓真正的、覺醒的佛法傳承能在該地維繫不墜，那真是一件值得感謝的事。因為，歡迎一個嶄新、有趣的心靈傳統進入自己文化之中是一回事，要讓它維持新鮮有活力，那又是另一回事。當這傳統開始老化，變得稀鬆平常的時候，我們就變得既盲又聾，看不到它的力量，聽不到它要告訴我們的訊息，那時它就變成跟其他一些我們表面上恭敬以對的事物一樣，其實已經很少受到我們的真心關切了。任何事物與我們之間一旦失去了真心的聯繫，不管那是我們收藏的一套舊漫畫、一枚結婚戒指，或是一種心靈信仰，或許它會陪伴我們終身，但卻已經只是生命中的背景雜音了。

這就是為什麼自古以來，佛教總是在歷史中一再改革與更新，一再地挑戰自己，測試自己。一個佛教傳統如果不能為其中的修行者帶來覺醒與解脫，那麼它就已經不再忠於自己的思想，也不再發揮它的作用。當文化形式已經與智慧脫節，也不符合當初製造它的用途時，這樣的形式中已經不再具有令人覺醒的力量了。這些佛教形式本身已經變成了假相，變成一齣宗教的戲法，也許能夠暫時取悅我們，卻不能讓我們從痛苦中解脫，而且到了某個時刻，反而會成為讓我們失望與灰心喪氣的原因。最後，這些形式化的東西在我們心中什麼也沒留下，只留下了對於形式化權威的反感與抗拒。

多一點佛法，少一點戲法

我在印度錫金的寺院裡長大，周圍不是流亡的西藏人就是來自喜瑪拉雅地區、尼泊爾、不丹各部落的村民，這讓我充分感受到在「多元文化」與「多元信仰」中生活的多采多姿與挑戰性；不過直到我十四歲去了紐約，以及稍後二十來歲在哥倫比亞大學就讀時，才算是真正見識到什麼叫全球性的多元文化與多元信仰。我想，早在一九八〇年，我有幸陪同上師，尊勝的第十六世法王噶瑪巴訪問美國的初次旅程，就註定了未來成為美國公民的命運了吧。

然而我在北美所感受到的「文化挑戰」，與我在歐洲、亞洲或致力保存佛教傳統價值的喜馬拉雅山區所見並無太大不同。既然文化力量對我們生活影響至關重大，不論這影響是好是壞，我們都應該認真審視自己的傳統文化，以及它在社會中的地位。的確，有些傳統形式中仍然蘊含著世代相傳的智慧，是我們學習的重要管道；但另一方面，有些傳統不但早已失去它最初的智慧，而且其中毫無慈悲心可言。從歧視「賤民」的印度種姓制度到十九世紀西藏的封建統治，從歐洲獵殺女巫的火刑到美國奴役黑人的歷史，那些造成苦難的不公義行為，根本完全喪失了理性與智慧，但卻能夠不受質疑地存在那麼久。當我們的思想和行動，被社會、宗教、文化等不合理價值觀的強大壓力掐著脖子走，我們就被困住了，毫無喜悅可言，放眼望去只有痛苦和越來越多的束縛。

真正的智慧，沒有任何宗教與文化的「戲法」，只會帶來寧靜與快樂。

然而我們卻常常害怕真理，卻對「戲法」上了癮。想要看一齣真正的大戲嗎？不必開電視，這齣戲就在你的生活裡，其中充滿了情緒、焦慮與愁緒；想要聊一聊這齣戲嗎？不必上網路聊天室，各種閒談和八卦就在你腦海的念頭裡。時至今日，儘管我們已經有這麼多物質享受，這麼多娛樂，以及二十四小時全年無休不間斷吸引你分心的事物，卻還是發現自己一天下來多少總有沮喪的感覺，我們不曉得怎樣才能讓自己快樂一點，而沒有罪惡感。就算今天過得很開心，我們發現自己還是會自問：「我值得這麼快樂嗎？我付出了足夠的努力來換取這一切嗎？」

凡是以自我為中心的戲法上演之處，就有痛苦。痛苦會一再一再出現，直到我們能夠看穿這齣「戲法」而見到「佛法」，也就是見到我們的真實面目為止。

什麼事都沒發生過

就讀於哥倫比亞大學時，有一次老師要我向其他同學介紹自己，我一時啞然，不知道該說什麼。我不是很確定自己究竟是什麼人，我是西藏人嗎？只因我父母是西藏人？或者我應該算是印度人？因為我出生在印度的土地上？或其實我是一個沒有國籍的浪人？

自從先後移居加拿大與美國後，每當我回到印度探訪，當地的每一樣事物感覺都有點「異國」起來了，我和過去的老朋友、老同學之間的談話方式也改變了，彼此的幽默感有時會有點搭不上線，也不再像以前那樣有共同的生活話題了，彼此的價值觀也有些改變。於是再一次的，我成了一個異鄉人，在自己出生的國家和老朋友的面前成了一個陌生人。

如果是在美國中西部的城鎮市集裡感覺自己是外來客，這倒沒什麼好奇怪的，奇怪的是身處於自己從小長大的家鄉，卻感覺自己是個異鄉人。現在唯一能讓我覺得正常、平凡、不引人注意的地方，是在紐約地鐵和街上，在北美溫哥華我的第一個家，或在西雅圖的地下室公寓裡。在那裡，我以一杯咖啡展開一天，而以深夜的「科爾伯特報告」[3]結束一天。

所以，真正的我到底是誰呢？我身上到底發生過什麼？也許正如第十六世法王噶瑪巴曾經說過的：「什麼也沒發生。」所以，也許並沒有什麼事真的在我身上發生過。以一般的事實看來，我是X世代的一員，黑莓機的忠實使用者，但以真實面來看，我是一個沒有文化的叛逆者，走在尋佛的道路上，而我知道，那佛就在我內心之中。

在這裡，以及接下來的書頁上，我所要述說的「心的旅程」，以及關於這旅程的文化傳統等等，都是為了想轉述佛陀的訊息，也就是那超越一切顯相的、關於「我究竟是誰」的真理。那是值得我們追尋的智慧，它將帶領我們走向自由，得到解脫的快樂。祈願每一個生命都能享用這完美的喜樂，並以此喜樂進一步解脫世界上的痛苦。

---

3 「科爾伯特報告」（Colbert Report）是美國電視著名的諷刺性深夜談話節目。

第1章

叛逆的佛陀

早上六點半，鬧鐘響起時，你是為了什麼而起床？
深夜，熄滅最後一盞燈時，劃過心頭的又是什麼？
這些心中的疑惑，也許隱沒在忙碌的生活中，但從來沒有真正消失過，
在某些片刻，也許是在倒咖啡，或是等紅綠燈的時候，才被我們捕獲，
這時如果我們能好好地端詳它們，
我們的注意力就會超越「此生的工作」，
而把焦點放在「此生」本身。

聽到「佛」這個字的時候，你會想到什麼？金色的雕像？坐在大樹下的年輕王子？電影「小活佛」裡的基努李維？穿僧服的和尚？或者是光頭？也許你有很多聯想，或什麼想法也沒有。我們大部分人與這個字的真實意義之間，似乎都已經失去了聯繫。

然而，「佛」單純只是「醒來」、「覺醒」或「覺醒者」的意思，不是特別指歷史上某個人、某種哲學或某一個宗教，而是指你的「心」。你知道自己有顆「心」，但那心是什麼樣子的呢？它是覺醒的。我並不只是說它「沒睡著」而已，而是說心真的是覺醒的，超乎你想像之外。你的心是燦爛明晰的，是開闊的，是廣大浩瀚的，充滿美好的特質：無限的愛與慈悲，還有能見到一切事物真實面貌的智慧。換句話說，你那覺醒的心，永遠都是一顆很棒的心，永遠都不會昏暗，永遠都不會迷惘。那些懷疑、恐懼、總是折磨我們的各種情緒，永遠都無法擾亂它；相反的，你真實的心是一顆喜樂的心，遠離了一切苦痛，那是真正的你，是你自心的真實本性，也是所有人的心的真實本性。不僅如此，你的心不只是完美無缺地杵在那兒，無所事事，它永遠都在遊戲著、幻化著，創造出你的世界。

可是，如果真的是這樣，為什麼我們的生命，還有這整個世界，並不完美呢？為什麼我們不是永遠快樂的呢？為什麼常常歡笑過後，接著又是絕望呢？為什麼「覺醒」的人還會互相爭吵、欺騙、偷搶……最後步向戰爭？

因為，雖然心的真實本性是覺醒的，但我們大部分人都見不到這一點。為什麼呢？因為有東西擋住了。有東西遮住了我們的眼睛。沒錯，時或不時，我們會瞥見那覺醒的心，但接著其他東西又冒上心頭：「咦？現在幾點了？是不是該吃飯了？看！一隻蝴蝶……」就像這樣，剛剛瞥見的那一眼又飛了。

奇怪的是，那害你見不到心的真實本性——佛心（Buddha mind）——的障礙物，也正是你的心，它是你心的一部分，總是很忙，總是泡在川流不息的想法、概念、情緒之中。你以為這忙碌的心就是你，因為它比較容易被看見，就好像站在你面前的那個人，總是比較顯眼。例如，此刻你心中所想的念頭，比起察覺那個念頭的覺知力，對你來說是不是明顯得多？還有，當你生氣的時候，你的注意力是不是大部分都放在那個讓你火大的對象，而不是怒火的發源地——那憤怒真正的來源？換句話說，你只注意到心在做什麼，卻看不見心的本身。你以這忙碌之心的內容，做為自我的認同，結果就是把這一大堆念頭、情緒、概念……當成是「我」，心想「我就是這樣子啊」。

這麼一來，就好像作夢的時候，把夢裡的影像當真一樣。就像夢到被一個可怕的怪人追殺，如此真實，恐怖萬分；但就在我們醒來那一刻，不管是可怕的怪人或是恐怖萬分的感覺，頓時都消失無蹤，於是我們如釋重負，感受到一種強烈的解脫感。但如果一開始就知道這是個夢，我們根本不會經歷這一場恐懼。

同樣的，在日常生活中，我們就像在夢中卻不知這是一場夢一樣，以為自己是醒著的，其實不然，我們以為這充滿想法和情緒的忙碌心靈，就是真實的自己，但是當我們真正覺醒時，這場錯認自我的誤會，還有因為這場迷惑所帶來的痛苦，全部都會消失無蹤。

我們心中住著一個叛逆者

如果可以的話，我們可能會投入此生的這場夢中沉睡不醒，不過，卻有個什麼東西一直來打擾我們的睡眠，想把我們叫醒。不管是在多麼茫然，多麼迷亂的夢中，我們那昏暗迷昧的自我始終還是和「完全的覺醒」相連著。那「覺醒」是清晰鮮明的，是敏銳洞察的，那是我們自身的清明覺性和心智，不管什麼遮蔽住那真正的自我——心的真實本性，它都有能力看穿。所以，我們一方面習慣於繼續沉睡，滿足於沉浸在夢中，另一方面，那「覺醒的自我」卻一直開燈要把我們搖醒。這個「覺醒的自我」，這個真實的、覺醒的心，想要掙脫睡夢的牢籠，想要逃出幻夢的領域。當我們被深深囚禁在夢中時，它卻看見解脫的可能性，所以它一再吵我們，一再呼喚、戳刺、鼓動著我們……直到我們奮起採取行動為止。是的，我們心中住著一個叛逆者。

說到叛逆，讓我們來看看社會與政治領域的叛逆者，不管是過去歷史或是現在當代，廣為人知或被世人遺忘的，那些為了爭取自由與正義而抗爭的人們，被我們視為英雄。從美國獨立革命開國元勳到奴隸救星海麗特塔布曼[1]、甘地、馬丁路德金博士、翁山蘇姬、曼德拉，他們的勇氣、慈悲與偉大成就，讓我們肅然起敬。但是對於那些被他們挑戰的當局來說，這些理想家和改革者，根本就是搗蛋鬼，只會惹麻煩。他們的理想、看法，甚至他們的同伴，都不是一直那麼受人歡迎，看來所謂的叛逆者，是件讓人又愛又怕的事——電影公司愛死了這種題材，在現實生活中卻讓人十分頭痛。而且這些叛逆者是很難擺平的，今天打發走了，明天又回來，繼續追問那些別人問都不會問的問題。片面的真理、含糊的答案，都沒辦法讓這些人滿意。他們也拒絕遵從那些會束縛、控制他們或人民的因襲陋規。在邁向勝利的路途上，他們走的是一條坎坷難行的道路，但是他們的叛逆性格，卻不會輕易受挫。獻身於追求一個更高遠的願景，是叛逆者活下去的力量。

1　海麗特塔布曼（Harriet Tubman 1820－1913）美國內戰期間的一位偉大女性，她是來自於馬里蘭州的逃跑奴隸，後來被譽為「奴隸的摩西」。她在美國內戰期間，冒著極大的風險，在短短十年內，幫助數以百計的奴隸透過「地下鐵路」計劃奔向自由。

而在心靈的道路上，所謂的叛逆者，就是我們自己覺醒之心的呼喚。它是那清晰敏銳的心智，拒絕順從於迷惑與痛苦的現狀，它是「叛逆之佛」，是一個充滿雄心壯志的搗蛋鬼，它是一個叛徒，慫恿你從沉睡的領域叛逃到覺醒之境。這表示，你是有能力將那沉睡的自我——那冒充成你的騙子——喚醒，你有辦法掙脫任何將你捆綁於痛苦中的束縛，打開將你囚禁於迷惑中的枷鎖，你是為自己贏得自由的勝利者。而究竟來說，那「叛逆之佛」的任務，就是挑起一場心靈的革命。

平凡的諸佛

這本書所要述說的是歷史上那位兩千六百年前的「佛」——佛陀釋迦牟尼，他所介紹給我們的自由之道。有很多引人入勝的美麗故事描述了佛陀的一生，從出生一直到他如何證悟覺醒。有些故事把佛陀視為一位「有著非凡一生的平凡人」；有些故事則把他描寫成「心靈超人」、聖人，所做的一切讓平凡的人們知道，他們也能找到和他一樣的自由。

事實上，佛陀年少時的生活，跟我們並沒有那麼不同，當然，除了他出生於富裕的皇室，而我們大部分並不是。不過如果只看內心，我們會發現，年少時的釋迦牟尼——那時他只叫悉達多（Siddhartha）——是個為了爭取自由與自主權，挑戰父母和社會威權的年輕人，某方面來說，這是個「富家公子逃家」的典型案例：

悉達多，未來的佛陀，北印度釋迦族國王的獨子，從小過著備受呵護的富裕生活，父王與母后掌控他的一切，期待年輕王子未來能繼承王位。所有你能想像得到的優渥生活、享受和特權，悉達多都有。絕美的宮殿、名牌服飾、衣香鬢影的名流、賀客盈門的歡宴……然而，僅只是充滿物質享受、社會地位、政治權利的生活，最終還是無法使悉達多感到滿足，面對著每個人都將遭遇的疾病、衰老與死亡，他渴望找到生活的目標、生命的意義，他不是沒有試過為了滿足父母的期望而活，但最終他還是選擇了自己的道路。在一個夜深人靜的夜晚，他獨自離開了宮殿，捨棄了自身的舒適與安全，換來茫茫的前程和未知的命運……

如果把這一則古老故事的背景換到現今紐約市，就成了一則現代版的美式報導：

一對聲名顯赫的富豪夫婦，對於長子的未來滿懷期待。他們知道這個現代社會到處充滿危險，所以誓言盡一切勢力與財力，保護這孩子一生的安全。孩子還沒出生，就已經為他註冊了最貴的明星幼稚園。小孩一生下來就有一長串優美名銜跟著他，反映著這家族顯赫的歷史與榮光。不過朋友們都只叫他「小悉」（Sid）。他在紐約政治和社交圈的菁英名流包圍下長大，一切優渥的生活他都享受過。父母大人早已為他設想好非凡的未來，甚至開始想像和某位參議員女兒的婚事，該如何籌劃……

如果這位「小悉」後來決定加入搖滾樂團，或背上大背包浪遊阿拉斯加，或在路邊豎起拇指，等著看命運會帶他前往何方……我們也不會太驚訝。任何一個年輕人，任何一顆年輕的心，都是如此，不管身家條件如何，不管是平凡或非凡，我們都想追尋自己的道路，要去尋找生命終極的意義。

從歷史上我們知道悉達多王子的追尋最後成功了，但是這位現代朋友「小悉」呢？我們就不曉得了。祝福他。重點是，在他們離家的那一刻，兩人都同樣對未來一無所知，兩人都甘冒極大風險，放棄熟悉又安全的環境，躍入未知的世界。然而不管是小悉的冒險或悉達多翻越宮牆的舉動，都是一件自然而然的事，奔向自由的衝動本來就是我們身體裡不可少的一部分，並不是特殊人物或古老年代、遙遠異國穿著僧袍的人才有的專利，追求自由的欲望是一件很平常的事，事實上，「熱愛自由」早已是用來形容美國精神的一句普遍的話了——至少新聞是這麼說的。不但是美國，走在任何一個現代都市的街道上，我們都可以見到這樣的自由精神，尤其在年輕人身上。

美國是這樣年輕的國家，這也就是為何她的民族性如此熱愛自由。除了北美原住民，現今大部分美國人都是來自歐、亞、非各洲的新住民，多少都已經和自身的民族背景脫鉤，甚至已將自身背景完全遺忘，覺得自己就是美國人。某方面來說，美國最棒的獨特之處就在於這全球血脈的匯集，勇於探索未知的拓荒精神，以及獨立的性格，而對於這些特點，全世界似乎都貢獻良多。

這美國大熔爐是各路好漢的家園：開拓者、發明家、自由思想家、有遠見的夢想家……還有務實的實用主義者和嚴謹的清教徒。地鐵車廂裡，前衛藝術家、音樂家、銀行家和工廠作業員並肩同行，每個人都同樣受到接納，在這大家庭中共聚一堂。而這大家庭卻也總是衝突不斷，從人們家中一直到CNN電視新聞網或「娛樂週刊」的全國舞台上，總是火花四射。然而這種由彼此的差異性所迸出的火花，若是在一個開放的氛圍中燃起，那一切就都改觀了，那時，它就不只是一種衝突、一種摩擦，而是一場飛躍之舞，活力四射，充滿創造性的能量，人們在其中測試極限、跳出古老觀念的窠臼，把原本讓人無法想像的事情，變成稀鬆平常的新標準。例如，撥一下開關，燈就亮了，沒多久以前這是人們作夢也想不到的事情。更不用說像是從電視機中看遠方的影像，或者上網閒逛這一類的事了。就在不久前的一九六〇年代，當我們坐在客廳裡看著太空人漫步月球，還覺得驚異萬分呢，自家客廳突然之間變得侷促而狹小。

解開內心世界的奧祕

正如同科學家持續努力於解開外在世界的奧祕，探索世界的本質，悉達多的夢想是解開自心內在世界的奧祕。他跨出了皇宮，離開年輕的妻子、年幼的孩子，以及萬般榮華富貴，下定決心要征服自己的蒙昧無明，並且要親自見到實相與真理。他邁步走入森林之中，進入一個沒有遮風避雨的保障、也無從獲得生活所需的世界，從此身邊再也沒有人保護他了。

那時，印度社會正處於一個奇特的時代，僵化古板的社會體制當道，一種叫「種姓制度」的系統在人們出生的那一刻，就依照身家背景決定了他的社會地位、人生責任、工作職業以及宗教位階。但同時這也是一個神采飛揚的時代，知識分子和哲學家們不斷進行熱力四射的辯論，許多探索心靈的宗派就此誕生，並且彼此競爭。年輕人成群結伴走進森林間，加入這些社會體制外的團體，包括悉達多在內。悉達多選擇的是森林中最有名望的兩位智者，追隨他們修學，但他的領悟很快就超越了老師，於是他又轉而投入另外五位苦行者的行列。他生起前所未有的大決心，決定拋棄一切安逸和舒適，懷著想要超越這具肉身、斷盡心中慾望的目標，投入折磨人的苦行，包括禁食在內。六年以後，悉達多已經奄奄一息，快死了。這時，他終於不再相信這種極端的禁欲自苦之道能夠為他帶來自由。他在河邊倒了下來。

悉達多不知道的是，這時的他已經相當接近目標了。一位年輕女孩端著一碗乳粥，經過悉達多身邊，把這碗粥供養給他。悉達多打破了六年來的斷食禁戒，接受了這碗粥，而他那五位同門的苦行者見到這一幕，認定悉達多已經破戒，一怒之下轉身就走，發誓從此不跟他說話。慢慢恢復了體力的悉達多回顧這一切，領悟到不管是從前在宮中的自我放縱，或是如今在森林中的禁欲自苦，都不是真正的解脫之道，兩者都是極端，而執著於任何一種極端，都會造成障礙，真實的道路就在兩者之間。領悟到這一點，悉達多已經準備好百尺竿頭的最後一躍。他在一棵枝葉茂密的大樹下，以綠草為墊，坐了下來，然後對自己許下一個諾言：除非了知此心與世界的真諦，否則絕不起身。

經過了四十九天的禪修，悉達多在他三十五歲的那一年，得到了他所尋找的自由。他的心變得開放而廣大浩瀚，他見到了一切生命皆在受苦的真相，也見到那造成痛苦的原因，他看見自由與解脫的實相就在一切生命伸手可及之處，他也見到如何能讓他們證得實相的方法。他成為後來人們所說的「佛」，一位「覺醒者」，接下來的四十五年間，他教導所有追隨他的人，而後世的人們則追隨他所傳授的教法，那些追隨者也各自找到了自己的自由與解脫，就這樣，展開了一個覺醒的傳承。

彼一時也，此一時也，現代的「小悉」又會如何呢？他的夢想能實現嗎？

如果這位「小悉」已經知道自己的目的地，那麼他現在所需要的是一張地圖，並且去和拜訪過該地的識途老馬聊一聊。因為在這趟旅途中，很多路看起來都很像，一不小心就有可能迷路，有的路會拐彎，有的甚至走著走著就沒路了。小悉可能朝著阿拉斯加出發，結果卻到了芝加哥的藍調酒吧，或者最後在郊區落腳，娶了老婆、生了三個小孩。他最後可能成為一位小說家或科學家，或是美國總統。或者，他也可能帶動一波嶄新的風潮，一場心靈的革命，啟發了一整個世代的人們。我們每個人的未來都有無窮的可能性。

第2章

行前須知

我們所追尋的智慧，
並不只是來自宗教人士或專家學者的解答，
由他們告訴我們「你該這樣想」、「你該那樣想」，
真實的智慧來自於發現一個真實的問題。
一旦發現了這樣的問題，
別急著找答案，和它相處一會兒，和它做朋友。

既然我們說佛教的心靈旅程是一條解脫之道、自由之道，那我們應該問問：「所謂的解脫，是要解脫什麼？」「所謂的自由又是什麼？」換句話說，我們應該先清楚佛陀對於這趟旅程的「出發點」和「目的地」是怎麼說的，然後看看這個說法能不能禁得起我們的檢驗，看看它對我們來說是不是一條正確的道路。

我們常以為「自由」的意思就是「不受外在限制」而已，可以想做什麼，就做什麼。或者，我們會覺得「自由」就是能夠不受內在意志的掌控，自由表達我們的感受，然而這些都不是完全的自由。如果沒有智慧和基本的辨別力，這樣的自由最後只會變成率性而為的衝動，讓情緒如野馬脫韁而出。我們可以自由地對人大吼，自由地通宵達旦、縱情聲色，但這時候的我們一點也不是自己的主人，我們其實並不自由。這種自由也許可以短暫的帶來充滿能量與自由解放的感覺，但這感覺卻消逝得這麼快，而且通常緊接而來的是更多的痛苦、更多的迷惑。

又或者，我們會認為所謂「自由」的意思就代表著「我擁有選擇權」，我們可以自由選擇自己的一生要拿來做什麼，自己的時間要拿來做什麼，自己的錢要拿來做什麼，不管我選得聰明、選得笨，起碼都是我自己的選擇。

然而，當我們發現自己每天都做出一模一樣的選擇，日復一日，每天都做著一樣的事，用一樣的方法、一樣的態度做出一樣的反應……我們會發現這種所謂的「自由」，其實也只是個假象。不管我們是自由派還是傳統派，不管是什麼血型和星座，我們的所作所為往往都在意料之中。一旦深入地去檢視這一切到底是怎麼回事，去看看自己為什麼不快樂，我們看到的是相同的情節，一再一再重複出現。在公司吵架的對象是老闆，回到家發怒的對象就換成孩子或另一半。在這一生中，我們無意識的處處重複著慾望、憤怒、嫉妒，或否定這一切的相同模式，努力掙扎著，直到受困於自己所編織的這張大網中——這樣的束縛正是我們所要解脫的目標，在佛教的道路上，我們就是要從這掌控我們人生，令我們難以見到覺醒之心的「習慣性模式」（habitual patterns，習性）中解脫，獲得自由。

如果你有興趣「和佛陀見見面」，如果你想踏上他所介紹的這趟心靈之旅，那麼，在出發前有幾件事是你應該先了解的。首先，佛教主要是一種心靈的探索和學習，是一種訓練心的系統，本質上是心靈的，而不是宗教的。佛教的目標是自知自明（self-knowledge），而不是獲得拯救，是自由，而不是天國。它運用分析和推理，思維與禪修，將我們對事物的一般認知轉化為超越思量的智慧。然而其中不可或缺的是你的疑問與好奇心，沒有了它們，就算你把所有的傳統形式都照單全收，這條道路也不會出現，這趟旅程也無法成行。

當初悉達多離開王宮去尋找覺醒之道時，並不是因為已經對哪一個宗教懷有強烈的信心，或是遇到某一位深具魅力的上師，或是聽到了神的召喚，才這麼做的。他也不是因為改變了信仰，好比從基督徒變成印度教徒，或是從共和黨員轉成民主黨員，才離開王宮的。他之所以踏上這趟旅程，單純只是因為一種渴望，想知道生命真正的意義、生命真正的目的，他在尋找一個他原本也不曉得是什麼的東西。

我們要的是什麼？

今天的我們，又是為了什麼而想要展開心靈的追尋？我們要的是什麼？不管是什麼事情在困擾我們，是痛苦或只是一種「想要知道真相」的渴望，我們每天的生活中，都伴隨著深深的疑問。

早上六點半，鬧鐘響起時，你是為了什麼而起床？深夜，熄滅最後一盞燈時，劃過心頭的又是什麼？這些心中的疑惑，也許隱沒在忙碌的生活中，但從來沒有真正消失過，在某些片刻，也許是在倒咖啡，或是等紅綠燈的時候，才被我們捕獲，這時如果我們能好好地端詳它們，我們的注意力就會超越「此生的工作」，而把焦點放在「此生」本身。我們不必等到這一生已經到了搖搖欲墜之際，衰敗、絕望、失落、死亡的恐懼等等痛苦降臨時，才想到要這麼做。我們只需讓那些疑問走上前來，告訴它們：「你現在對我很重要。」

要讓心中真正的疑問現形，只要對自己喊「暫停」。停止對未來的前瞻，停止對過去的回顧。讓自己真正地停下來，這時候會有一種「哪裡也不去了」的感覺，一種「空隙」感，而那是一種大解放。你終於可以單純地呼吸，單純地做自己。在這同時，有一種「咦？」（what?）的感覺，也許這就是你的第一個真正的疑問。你只需懷著開放的心，和這「咦？」共處。它就像是一扇打開的門，有東西會跑出來，也許出來的是答案，也許出來的是另一個問題。你什麼也不用做，只要等著，看著。

剛開始，我們也許會以為心裡有疑問是一種愚笨無知的象徵，疑問越多，似乎表示我們知道的越少；答案越多表示我們越有智慧。事實上，清楚地知道自己「有所不知」，就已經是一種智慧了。真正的無知是「不知道自己不知道」，以為自己懂得一些其實並不曉得的事，這會變成一種偽裝的智慧，而這種「自以為所知甚多」的感覺是無力令我們從疑惑中解脫的。

然而如果是真心的、誠摯的疑問（而不是那種讓自己感覺比較良好、看起來比較了不起的疑問），這樂於質疑探究的精神將會開啟你的心靈旅程。我們要學會好好利用這些疑問，接下來我們要經歷的是一段需要時間醞釀，而且必然疑惑叢生的過程，如果只是把別人丟過來的答案照單全收，那我們自己的聰明才智要做什麼用呢？事實上，理智的提問與懷疑才是我們所需要的，它可以保護我們免於錯誤觀點與洗腦式宣傳（propaganda）的誤導。一劑疑竇的良藥可以幫我們找出心中真正的、清楚的問題。只有當疑惑永無休止地一再持續下去，才會有負面影響——如果一直跨越不了心中的不確定，達不到某種定見的話，可能會覺得有點瘋狂或偏執。否則的話，那種能帶領我們獲得真實知見與信心的疑問，最後我們會發現它其實是一種智慧。

我們到底在做什麼？

在這條道路上，我們要尋找的是真正事關重大的知識，我們想知道「我是誰」、「為什麼這些事會發生在我身上」。

我們也想了解自己和這個世界的關係，以及「為什麼那些事會發生在他們身上？」就算也許我們不是那麼在乎自己，我們也會深深關切別人的遭遇，不管是一個無辜的受虐兒，或是身陷危難的朋友；不管是一個被大自然摧毀的村落，還是被人類消滅的物種。

我們到底在這裡做什麼呢？難道只是每天混日子，直到被兒孫送進養老院？

儘管思索這些大問題會為你帶來啟發，但最好的方法是從你眼前的處境開始，貼近自己，貼近自心、自己的身體、自己的人生……從此處開始思索。一旦你從自身找到意義重大的問題，這個問題或許也與他人息息相關，甚至可能關係到星球的運行，誰曉得？

心靈的問答題，基本上是必須向自己發問，然後自己去尋找答案的。就像答案必將來自內心，同樣的，問題也是由內在浮現。問題與答案來自同一個地方。我們的每個問題都由自己所知的事物而起，而每一個問題所得到的答案又會衍生出更上層樓的新問題，如此一而再，再而三……隨著我們的領悟越來越多，我們的問題會變得越來越清楚，所得到的答案也會更加意義重大。這就是我們在心靈之道上前進的方式。

之後，在某個階段，你會發現對於自己的問題有一種「現在我完全了解了」的確信。你之所以會知道你懂了，是因為那不是別人給你的答案，那是你自己的。而在到達那樣的確信前，你應該繼續發問，繼續質疑。如何得知自己在得到確信前就停止探索了呢？其中一個徵兆就是你要別人告訴你答案，這表示你的探索已經暫時「喊卡」了。這時候，你那勇於發問探究的心已經下班了。

沒錯，別人可以給我們幫助，但這並不表示在自身之外有某人可以帶給我們所有答案。在某些程度上，我們的確可以仰賴佛陀和心靈友伴（spiritual friends，善知識）的教導，這些我們尊敬的對象所帶來的知識，可以幫助自己有更清楚、更精純的領會，但這並不表示我們應該放棄自己的探索，不管誰說什麼都全盤接受，或是只要我們心目中的權威人士一開口，事情就「搞定」了。如果我們和他們之間沒有真正打從心底的契合，那麼他們對真理的探索和領悟，對我們並沒有幫助。不管對他們來說多麼深刻的真理，如果他們的經驗沒有打入我們的心坎，那些真理對我們也沒有用處。

最終，你將會來到一個「最後的問題」，那是某種暫時的疑惑或不確定性，這個清楚的問題之所以能夠出現，代表你已經完成了一段相當長的旅程，已經回答過成千上百個其他的問題，才到達這個地步。有了這個清楚的問題，意思是你很清楚「我不知道的是什麼」，現在你可以帶著這個問題去找你的老師，或去書上找答案了。否則，如果你帶著一個自己都不是很清楚的問題去問老師，不管他回答你什麼，對你都沒有幫助的。對於一個「只孵了一半」的問題，是不可能會有清楚答案的。話說回來，如果你要的只是答案，什麼答案都好，那你將會發現有千千萬萬的書籍——佛教、基督教、新世紀……什麼都有，它們會告訴你各種問題的答案，但卻沒有一個答案能夠為你帶來覺醒——如果你的問題含糊不清的話。

我們所追尋的智慧，並不只是來自宗教人士或專家學者的解答，由他們告訴我們「你該這樣想」、「你該那樣想」，真實的智慧來自於發現一個真實的問題。一旦發現了這樣的問題，別急著找答案，和它相處一會兒，和它做朋友。我們活在一個「立即見效」的世界，即時通、拍立得、速食快餐……我們的心已經習慣於要「立即得到滿足」，如果對於心靈的旅程也帶著這樣的期望，我們會失望的。有些問題是沒辦法立刻回答的，我們應該要像科學家在做實驗一樣有耐心，耐心地評估、查證實驗所得的結果。

科學辦案

我們常常把心靈的課題和宗教混為一談，把它們當同一回事，這並不是很合適的看法。心靈的課題可以是在宗教之內，也可以是在宗教之外，宗教與心靈可以是互補的，也可以是互不相干的修持與體驗。心靈之道是一段內在的旅程，這旅程開始於疑問，從「我是誰」、「存在的意義與本質是什麼」等等問題出發，它本質上是一段內省與深思的過程。

而宗教一般的定義則是指一套信仰的系統，一套對於世界的起源與本質、造物主和萬物之間的關係，以及宗教權威從何而來的信仰。對於這樣的信仰，我們可以不假思索照單全收地相信，也可以依自身經驗來加以檢驗與探索。有些宗教歡迎這樣的質疑，有些宗教則不鼓勵——不管直接表明或間接暗示。重點是，不管是在心靈旅程或是宗教生活中，我們應該要很清楚「自己到底在做什麼」。

雖然我們也可以用一種「宗教性」的態度來學習佛教，但是從很多方面來看，「佛教」並不真的是一種宗教，它重視的是對於自心的提問與探索，本質是屬於心靈的。許多佛教導師都把佛教視為一種心靈的科學，而不是宗教，因為它使用的方法是邏輯的分析推理與禪修（meditation），在每一次禪修之中，我們對心加以觀察、發問與試驗，因而獲得對心靈的知識與了解，如此一再反覆進行，直到我們逐漸對自心發展出深入的了解。有人甚至因此覺得佛教實在太累人了，有那麼多事要做，要問那麼多問題，還要自己找答案。

不過也有一種替代性的選擇方案，就是把這些累人的工作丟給「宗教」來解決，不要問那麼多問題，丟掉一點思辨的精神。我們大部分人就是採用這種作法。或者乾脆全盤棄守，放棄所有的問題，讓自己變成一種近乎「基本教義派」的信徒，如此一來就可以鬆一口氣，不用再操心要怎麼想以及為什麼要這樣想。

不管我們為佛教貼上什麼標籤，說它是「宗教」或是「心靈之道」，佛教經典中這一切知識，並無意取代你那質疑發問的過程，它比較像是一間裝備完善的實驗室，你可以在裡頭找到各式各樣的工具，來對自身的經驗進行研究。事實上，某方面來說，佛教的觀點甚至被視為是「反宗教」的，首先，它是一種「非神論」的傳統，從佛教的觀點來看，在我們的自心之外，並沒有一個超自然的個體存在，並沒有一個生命體或某種力量有能力控制我們的生命經驗，或在我們的經驗中創造出天堂或地獄，這種力量只存在於我們的心中。甚至連佛陀這樣的覺醒者都沒有能力控制別人的心，他無法為我們創造一個更好的或更糟的世界，或是把我們的迷惑一筆勾銷。我們的迷惑是由自己的心所造成的，也只能由自己的心來轉化它。所以，在佛教的心靈之道中，威力最強大的東西，就是心。

在佛教中，最接近「神」的概念也許就是「覺醒」（enlightenment，證悟）了，然而就算是「覺醒」，也被視為是一個人的心識發展到最高境界時，所得到的圓滿成就，佛陀說，我們每個人都具有達到如此境界的能力。這是「非神論」（nontheistic）與「有神論」之間的一個很大的不同。如果我說：「我想當神」，對有神論者來說可能會覺得我瘋了或是褻瀆神祇，未免太有野心，太自命不凡了吧，但在佛教傳統中，卻鼓勵我們「成佛」，成為一位「覺醒者」。

佛陀還教導過另外一個相當具挑戰性的觀點，那就是「空」（emptiness）。這一點稍後我們會再詳談。簡單來說，「空」的意思是：並沒有一個真實的自我，也沒有一個真實的世界；這個世界和自我，並不像它們所顯現的那樣真實存在著。佛陀說，當我們還未領悟「空」時，我們見不到事物的真實面，只看到「粗糙版」的現象。所以從佛教的觀點看來，不僅沒有「救世主」，就連「被拯救的對象」也沒有。

不管這些話聽起來有多驚人或多激進，其實和科學家們所說的「次原子世界」（subatomic world）並沒有太大的不同。感謝科學研究，現在我們知道肉眼所接收到的這個世界只是一場感官的幻覺，在看似堅實的表象之下，完全不是那麼一回事，如果想在其中找到真實的物質，只會找到彷佛在波動的粒子，或彷佛是粒子的波動，若想找出這些粒子或波動到底何時位於何處，就會變成一場完全測不準的想像遊戲。從這些尖端科學的角度看來，物質與能量是可以互相變換的，不只如此，還可能有一種多維的「時空」（space-time）存在著。

當這些宇宙奧祕從科學家口中說出來的時候，聽起來似乎挺迷人的，非常的形而上；但聽到佛陀說出與我們自身息息相關的類似說法時，我們卻忽然覺得「有個萬能的天神和真實的天堂」這主意好像比較吸引人。然而，這乍聽之下挺嚇人的「空」，其實是一個好消息。所謂的「空」，當我們瞭解它更多一點時，會發現它其實是「滿滿的」。「空」只是一個字，它所要描繪的是一種體驗，但是我們的心卻緊抓住這個字，把它變成一個概念；每當我們把一個概念等同於真正的體驗時，就錯過了最棒的部分。比方說，如果你從來沒有體驗過「愛」，一切你所知道的「愛」，都只是字典上的說文解字，你自然就錯過了「愛」那滿溢的、豐饒的體驗。「空」也是一樣，事實上，「空」和「愛」是緊密相連的，稍後我們也會談到這點，現在我們暫且這樣形容好了：當你把這兩者結合，你所得到的體驗，將會超乎其中任何一者。「空」與「愛」融合為一的體驗，就是你那「叛逆佛心」的覺醒。

事物的真實面目

我們一直想知道事情的真相，而真相就是真相，不管我們喜不喜歡它，也不管我們喜不喜歡彼此，我們無法改變事物最深層的真實樣貌，就算它與我們既有的概念相衝突，我們也無法改變自己真實的面貌，就像我們不能改變微粒子的運作法則一樣。人們對於這個物質世界的組成方式，一再一再重新進行驗證，更新觀點，如果我們能採取這些嶄新觀點看待這個看似堅實不變的世界，就會越來越接近兩千六百年前佛陀所告訴我們的話：一切現象在究竟上都沒有真實性，了不可得。

在佛教中，我們不只是研究物質世界本身，更重要的是研究自己的心，以及心和世間顯相之間的關係。我們要觀察心，看看心到底是什麼，以及它和內在、外在一切現象之間的互動關係，從思想、情緒……一直到實際事物。為了達到目的，我們需要一套能夠幫助我們跨越心靈限制的特殊工具，在佛教中，我們使用的工具是「禪修」與「分析推理」。

開始之前，讓我們先問問自己：「為了見識到嶄新的視野，我願意先放下自己的成見嗎？我有足夠開放的心胸來面對那不可思議的真相嗎？」是的，我們的最大問題就是那真理實相和我們的日常經驗並不一致。如果我們相信自己的感官和心中的概念已經讓我們看見世界和自我的真實全貌，那只不過是自欺欺人罷了。感官的覺知，心裡的概念，它們只是一扇小小的窗子，從這扇窗內，我們只能見到實相的一小塊風景，我們必須拓展自己的領悟，讓它超越感官與概念。為了能看見更高更遠的實相，我們需要一扇更大的窗戶。在佛教中，我們一方面使用理性的分析，另一方面對那超越概念所能想像的部分保持開放的態度，我們認為兩者並不衝突。當我們有能力進行質疑與探究的思索，同時對那超越自己所知的體驗敞開胸懷，保持開放的態度，就會開始見到遼闊的風景。

從這裡我們可以發現，佛陀的心靈之道並不是那麼適合被歸類於「宗教」，也不是那麼合乎一般人對宗教的瞭解（或許學術研究是個例外）。話雖如此，人們還是可以把佛教當成一種傳統宗教來修持，只要那是適合他們的方式。佛教也有許多像教堂一樣的地方，讓信徒有團體可以聚會共修，固定舉辦活動和禪修練習，強調和諧、慈悲的生活方式，充滿對於佛陀與歷代大師的虔敬氣氛。這是傳統中可貴的一面，也是世界各地許多人修持佛法的方式。然而，佛教的本質超越了這一切形式，它是存在於所有生命心流中那不可思量的純淨智慧與慈悲，而佛教的心靈之道，即是我們為了能夠完全了悟心的真實本性，所踏上的旅程。

迷信

身為科學時代的理性現代人，我們總是告訴自己：我們所相信的這一切都是有根有據的，都是經過親身體驗、理智判斷與推理的結果，而不是迷信。所謂的迷信（blind faith），應該是小孩子或是對世界懵懂無知、過度天真的人，才會做的事吧。不過，如果我們好好檢視一下自己日常不假思索的信念，會發現很多我們深信不疑的事情，只不過是聽來的，只是因為人云亦云，我們就認為理所當然——而所謂的迷信，意思不就是未經理解就信以為真？在我們日常的生活常識裡，就有迷信的蹤影。

我們相信事物就是我們所認為的樣子，因為每個人都這麼說。打從小時候牙牙學語開始，我們就發現每一樣東西都有一個名字，而那名字就等於那個東西，誰也不會懷疑這一點，誰也沒發現那些標籤具有塑造思想、侷限理解力的力量。當我們把一張桌子叫做「桌子」的時候，一連串的效應就跟著發生了，我們知道吃飯的時候該在哪，電腦該擺在什麼地方，同時，我們也認定了——想都沒想就認定了——有個叫「桌子」的東西真實存在著。所以，取名字、貼標籤的影響是多層面的，我們因此得以共同生活在這世界上，這當然是好事一樁，但也因此讓我們的世界變得更沉重，更牢不可破。

而宗教的迷信和世間的迷信沒有什麼不同：有人告訴我們真的有天堂和地獄，我們就開始把希望寄託於天堂，然後活在對地獄的恐懼中。可是，到底什麼是「天堂」和「地獄」呢？它們在哪裡？天堂和地獄的界線在哪裡？什麼樣的行為才會越線？還有，如果十八歲就死去，在天堂會永遠那麼年輕嗎？八十歲過世的老人，在天堂又會永遠是老人嗎？

佛陀的建議是：每當「迷信」出現時，就對它提出質疑。為了找出各層面的真相，搞清楚其中到底是怎麼一回事，我們要帶著明察善辨的覺察力，在自己的生命經驗中下功夫。別忘了，人類曾經一度認為世界是平的，而太陽繞著我們轉。

有意思的是，某種程度上，科學似乎變成我們的共同宗教。每當科學家告訴我們這個物理世界如何如何，我們大概都會相信，不會想太多。另一方面，如果有人告訴我們心的真實本性是如何如何，我們可不會輕易相信。為什麼我們會相信像「黑洞」這種難以親身體驗的事，卻對「覺醒的自心」抱持著懷疑的態度？科學家的研究我們也許沒什麼機會親自證實，佛陀的心靈教導卻是我們能以第一手資料親自驗證的，只要經過一段時間的提問、分析與禪修，我們終究可以很有把握的說，以自身經驗看來，這些教導是正確的或是錯誤的。

佛陀曾經說過一段很簡單的話，一段彷佛常識般的敘述，但卻是他最重要的教導之一，其中蘊含著對世俗生活和心靈層面的深刻影響力。當時某些村民請問佛陀，過往的宗師和學者們留下這麼多彼此衝突的宗教和教義，該怎麼樣才能知道要相信哪一個呢？佛陀回答道：

不要只是聽到就相信，
不要因為是眾人所說或流傳之語就相信，
不要因為是宗教經典上的記載就相信，

不要因為導師或長者的權威就相信，
不要因為是世代相傳的傳統就相信。
唯有當你經過仔細觀察與分析，
發現它確實合乎道理，是對一切自他皆有利益之事，
那時方可採信，並信受奉行。[1]

在這段話裡，佛陀說的是：關於真理，不管別人提出多麼可信的權威說法，我們都應該仔細查驗一番，用自己的邏輯和推理，檢驗對方所說的邏輯和推理，從頭到腳、裡裡外外進行分析。一旦我們發現它是合理的、有益的，而且不但對我們自己有利益，對他人也有利益，那時我們就可以接納它，相信它。佛陀是這樣說的：「……方可採信，並信受奉行。」這是很重要的，因為我們很可能（其實應該說我們常常）聽聞了關於空性或慈悲的深刻教導，或是讀到一篇科學家提出的全球暖化證明之後，我們接受了，但卻並不「奉行」。一開始我們可能滿腔熱忱，接著卻後繼無力，之所以會如此，是因為我們對這件事的分析和檢視尚未透澈到足以真正瞭解它的意義，而當我們的瞭解還含糊不清，心裡就還有疑惑，所以就算是真正的智慧，也無法真正觸動我們的心。

究竟來說，佛陀的意思是：不要用「宗教狂熱分子」的盲目信仰來打發我們心底的疑問，就算是（應該說尤其是）「佛教」的狂熱分子也一樣。相反的，能解答我們心底疑問的，是由我們自心那得來不易的、對於事物本質的領悟，所產生的不可動搖確信，以及全然的信心；而我們之所以對自己的領悟有信心，是因為它是透過我們自己的追索、探尋所得到的成果。

從這個角度我們可以說：真正的信心就是對自己的確信與把握，對於自身的智慧與領悟的信心，而後把這樣的信心延伸到我們所選擇的心靈旅程上。然而我們還必須找出適合自己的道路，因為並沒有任何一條心靈之道是「一體適用」的，我們必須以檢視與提問，以追根究柢的真心，找出自己的道路。

佛陀的智慧是我們可以依靠的榜樣，但要親身領會那智慧，則只能依靠自己「叛逆的佛心」。

---

1 此段文字，出自《卡拉瑪經》（Kalama Sutra），屬於「巴利三藏」（Pali Canon）中《阿含經》（Nikaya Sutras）的一部分。

第3章

認識「心」

我們和「心」之間的關係比較像是「遠距離戀愛」，
而不是親密關係，因為我們不曾花太多時間
和心一起共度親密時光。

佛陀的所有教導，都述說著同一個明確的訊息：再也沒有什麼比認識你自己的心更重要的事了。原因很簡單——我們所有痛苦的源頭，就藏於這顆心中。感覺焦慮不安的時候，那壓力，那愁緒，都是這顆心的產物；感覺喪氣絕望的時候，那悲慘的感受也是起源於自心。另一方面，當我們深陷愛河，幸福得輕飄飄時，那喜孜孜的感覺也是生於自心。快樂與痛苦，單純與極端，都是心的體驗。「心」是生命中每一剎那的經歷者，是我們所有覺知、思想和感受的體驗者。

所以，我們越認識自己的心，越瞭解它的運作方式，越有可能從那些老是讓我們沉重不堪，老是不著痕跡地傷害我們、不讓我們快樂的心理狀態中解脫。認識自己的心不只是帶來快樂，更能轉化每一絲迷惑，完完全全的喚醒我們。

這覺醒的體驗，是一種最純粹的自由感，一種不需依賴外在環境的自由。這種自由不會隨著起起落落的生命際遇而改變，不管遭遇到得與失、苦與樂、褒與貶，都是一樣的自由自在。一開始我們只能短暫瞥見這境界，但逐漸的，我們會越來越熟悉它，越來越穩定地見到它，最後，這樣的自由與解脫終將會成為我們的家園。

心，這個陌生人

也許你身邊有一位住得很近的陌生人。你每天都會見到他，也許你對他的長相、穿著，甚至走路的方式都很熟悉，因為每天都會在街上遇見他好幾次，但是除了點個頭，禮貌性的問候，你們從來沒多說什麼。你從來沒有主動和他交談，因為你害怕和一個不認識的人建立關係，誰曉得這是一個好人還是瘋子呢？是一個善良、有愛心，很可能變成好朋友的人，還是一個威脅到社會安全的壞蛋？反正你很忙，也不急著搞清楚，就算了，繼續往前走。但第二天你還是會遇見這位老兄，第三天還是會遇見他……終究，你們之間產生了一些聯繫。

從很多方面看來，我們的心就像是在街坊遇見的陌生鄰居。也許你會抗議：「怎麼可能？我隨時都跟我的心在一起呀！」說我們的心是陌生人，也未免太荒謬了吧。問題是，大部分人跟「心」之間的熟識程度，大概都僅止於「點頭之交」吧？只因為點點頭說哈囉的次數多了，我們就認為對它很熟悉了，但是我們真正瞭解它多少呢？

或許我們和「心」之間的關係比較像是「遠距離戀愛」，而不是親密關係，因為我們不曾花太多時間和心一起共度親密時光。的確，我們察覺到心的存在，注意到它大致功能如何，甚至留意到它的善變，但是我們不明白它全部的「身家背景」，也捉摸不透它的性情。我們可能已經注意到它有時表現得非常通情達理，相當的和氣，有時又突然變臉，又吵又鬧、又踢又叫。於是我們保持警戒，不確定「心」這個陌生人到底會是我們的好朋友呢，還是會突然變身成惡夢裡的恐怖怪人。我們對它有點好奇，不過還是會保持著安全的距離。

那麼，這個神祕的陌生人，心，到底是什麼呢？心就是大腦嗎？或是大腦的副產品？或者它是「神經傳導介質」的化學作用，是一些在腦中穿梭、閃爍，變現出感官覺知、想法、感受，最後造成明晰心識的的化學物質？這樣的說法基本上是神經科學的唯物觀點，認為心是腦部的作用，但從佛教的觀點看來，心和腦是不同的兩回事。毫無疑問，大腦的功能可產生某些較粗淺的心理現象，然而在更微細的、究竟的層次上，心卻並非物質，也未必非得依附在肉體的基礎上不可。

心的兩個面貌

正如之前我們所談到的，關於心，在佛法中有幾種不同的說法，我們說有一個迷惑的心，或者說是沉睡的心；也有一個醒悟的、覺醒的心。另外一個說法則是將心分為相對層面（relative aspect）與究竟的層面（ultimate aspect）——「相對的心」指的就是迷惑的心，「究竟的心」指的是它醒悟的本質。

「相對的心」也就是我們日常凡俗的心識，對這世界司空見慣的二元認知，認為「我」和「你」是分開的，「這個」和「那個」是不同的，我們一切的體驗似乎都有一種根本上的分別性，理所當然的認為「好」與「壞」是不同的，「對」與「錯」是不同的等等。這樣的觀點帶來誤解和衝突的可能性，遠高於和諧的可能性。

而心的究竟層面，則是我們自心的真實本性，它超越了任何兩極化的對立，是我們存在的根本面貌，是我們那本然的、開放的、寬廣浩瀚的覺性。想像一片清澈明朗的藍天，充滿了光……。

相對的心

所謂相對的心，就是我們那日日夜夜進行感知、思維、生起情緒的心，說是日日夜夜，不如說是時時刻刻，因為它是如此高速地變動著，一下子看，一下子聽，一下子想，一下子感覺……事實上，在這之中又有三種心揉合在一起：「感知心」、「概念心」和「情緒心」。這是相對之心的三個層面，它們含括了所有的心識活動。瞭解這三個層面如何合作無間地創造出我們的各種體驗，是很重要的。

首先第一個，「感知心」是我們對於視覺、聽覺、嗅覺、味覺和觸覺的直接感知，但是因為它們來去的速度太快了，通常我們不會注意到這些直接感知的體驗，我們通常會錯過他們，而直接跳到第二層「概念心」（也可以說是「思維的心」）。少數的例外，也許是當我們累到筋疲力盡，腦中渾然無念的坐下來，這時候我們才會開始注意到樹葉的顏色、鳥叫聲、水面的波紋，也就是說，這時我們對世界只有一種單純的、直接的感知。但是在平常的時候，我們的心是如此忙碌，它通常是不會去注意這些感知的，總是飛快地一閃而過。

例如，眼前有一張桌子，當我們注意到它時，我們看見的只是念頭：「哦，一張桌子。」我們看到的不再是那張實際的桌子，我們看到的是「桌子」的這個標籤，一個抽象的概念。抽象概念是一種心理的造作——從一個感知迅速形成的想法，不只是這樣，它還將這感知進行概括，變得一般化，這麼一來就跟我們的直接體驗隔了一層距離，少了直接接觸所帶來的豐富滋味，以及更為愉悅、滿足的感受。如此，我們持續不斷地製造出一個又一個標籤，一點也沒察覺自己和親身體驗之間的距離越來越遠，這就叫作「概念心」。

接著，這些概念啟動了第三層心，也就是「情緒心」。對於這些概念和標籤的反應使得我們陷入喜愛、厭惡、嫉妒、憤怒……等等感覺的慣性模式中。最後，我們便活在一個幾乎充滿概念與情緒的世界裡。

心與情緒

說到情緒，我們都知道那是一種「強烈的感受」。通常我們對情緒都有點又愛又恨，雖然覺得它有時很棘手，但是又彌足珍貴；覺得它既崇高神聖，又破壞力驚人。情緒的力量足以將我們抽離平常的自私自利，鼓舞我們做出犧牲自己的勇敢行為；但也可能讓欲望擴張到不由自主，以致背叛所愛、背離原本應該保護的人。以藝術創作來說，情緒就好像是一首詩歌、一個樂章，而不是一部平實的紀錄片。

不過佛教術語中所說的情緒，和英文中情緒（emotion）這個字所表達的意思有些許不同。佛教的說法中，「情緒」指的是由於蒙昧無知（ignorance，無明）所造成的一種不安、煩亂、苦惱的心境，而且通常是迷惑的。「情緒心」的這種煩亂、苦惱的特質，代表它是一種不清明的心境，也因此會使人在此心境下做出草率魯莽，而且通常是不智的行為。所以情緒被視為是會遮蔽覺性的心理狀態，會妨礙我們見到心的真實本性。

但另一方面，像是「愛」、「慈悲」、「喜悅」這些能夠幫助我們更加體驗到開闊與清明的感受，在此處並不被視為是「情緒」，反而被視為一種正面的心靈素質，是智慧的一個面向，或者說是覺醒之心的特質。但話又說回來，就算我們把一種強烈的情緒貼上「愛」的標籤，只要它還被私慾、執著、佔有慾或無法自主的力量主宰，那麼，它也還是一種凡俗的「情緒」。

牢不可破的價值觀

由於日常生活中對世界真實而直接的體驗並不常見，我們發現自己是活在過去和未來的概念中，活在過去和未來的情緒化世界中。而當這些概念變得更僵化，更深入心坎，成為我們存在的一部分時，就形成了所謂的「價值觀」。

每個文化都有許多價值觀和信條，如果不細查其中的個人和文化主觀性，就盲目接受它們，那麼我們可能因此而被迷惑，因此而責難別人的不同觀點，甚至輕視別人的生命價值。然而所謂的「價值觀」和其他的概念並沒有什麼不同，它們都是來自這日常的心，都是經過同樣過程被製造出來的——我們從「感知」到「概念」到「情緒」，飛快的三級跳，接著再一步跳進了「價值判斷」，一種僵化到不容置疑而且一再強化的概念中。

一般社會似乎都特別重視價值觀，把民主的價值、宗教的價值、家庭的價值，當成正義的力量，用來抵禦亂象，對抗邪惡。有時候，我們甚至只憑一件小事，例如「顏色」，就可以斷定什麼是「好的」、「安全的」，什麼是「壞的」、「危險的」。以「黑」、「白」來說好了，到底白色是純潔無邪的顏色呢，還是死亡的顏色？亞洲人認為白色象徵死亡，所以葬禮的時候要穿白色，但在西方，醫生和新娘都是一身白，因為白色代表著祥和、安全，是令人舒服的顏色。相反的，出席葬禮的時候要穿黑色，因為那是跟我們所恐懼的死亡有關的顏色。所以如果我們要讓自己看起來顯得勇敢無畏、威猛有力或叛逆神祕，我們也會穿黑色。看看紐約街頭你就會知道。

我們最好問問自己，自己這些標籤有多少能反映出實情？又有多少歪曲了真實？最近我搭飛機的時候，都會看看四周和我同機的是哪些人，有時我會在心裡嘀咕：「哎喲，那邊那個傢伙，看起來實在很危險，該不會想把我們的班機炸了吧？」不過如果今天這架飛機上坐的都是白人，我心裡就覺得妥當多了，覺得很安全，覺得是跟「好人」在一起，因為飛機上沒有長得太嚇人的旅客，除了我自己以外。但我知道坐在隔壁的人心裡可能正忐忑不安，看著我想：「哎喲，隔壁這邪惡的傢伙，該不會想把我的飛機炸了吧？」

每個人都有自己的價值觀，每件事都變得越來越非黑即白，非善即惡，這些概念是如此牢不可破，簡直快要變成律法鐵則了。如果哪天有人在國會提出「是非善惡條例」的法案，我也不會太驚訝。不僅如此，除了世間這些區分是非善惡的標籤之外，我們頭頂上還有宗教的標籤來進一步「幫助」我們，或者說，讓情況雪上加霜。每個宗教好像都在驚嚇我們、恐嚇我們，非得做出正確（或其實不然）的行為不可。

概念世界的囚徒

一不留神，我們整個生命就被概念的世界接管了，那是相當悲哀的，我們甚至沒辦法好好享受一個美麗晴朗的下午，欣賞葉片在風中搖曳，而非得一一貼上標籤，讓自己活在「陽光」、「風」、「搖動的葉子」這些概念裡不可。如果僅只於此，那還算好呢，但不可能，接下來我們又會想著：「嗯，這天氣是不錯，真怡人，但如果陽光能從另一個角度照下來，那就更好了……。」

當我們走路的時候，並不是真的在走路，是「概念」在走路；吃東西的時候，並不真的在吃，是「概念」在吃；喝的時候，不是真的在喝，是「概念」在喝……不知從什麼時候開始，我們的整個世界已經融入概念中了。

當整個外在世界被簡化成一個概念的世界時，我們失去的不只是自己生命中美好的一面，還失去了自然界中所有美麗的事物：森林、花木、飛鳥、湖泊……再也沒有任何事物可以帶給我們真切的體驗了。接著，我們的「情緒」就開始發揮作用了，施展其能量在念頭上強力加壓，讓我們覺得有些事物是「好」的，會帶來「好」情緒；有些是「壞」的，會造成「壞」情緒。每天，我們就這樣生活下去，一天又一天，生命變得非常的累人，我們開始覺得有一種筋疲力盡的沉重感。我們以為是工作或家庭使自己筋疲力盡，但是通常並非如此，使我們筋疲力盡的是我們的心。我們之所以筋疲力盡，是因為我們如此概念化和情緒化的過生活，不惜讓自己陷入概念的領域，再也感覺不到鮮活、自然、深受啟發的體驗。

這三種心：感知心、概念心、情緒心，是「相對之心」也就是我們凡俗的心識的三種面相，對於這相對之心的體驗，我們通常感覺像是一條連續不斷的河流。然而就真實面來說，感知、念頭和情緒，其實都只有一剎那，它們是短暫、不恆常的，但由於它們來去的速度太快，以至於我們根本察覺不出這條河流之中的間斷，察覺不出每一個心理活動之間的空隙，就像在看一部三十五釐米膠卷的電影放映時，明知膠卷是一格一格畫面所組成，但因為膠卷前進速度飛快，我們根本察覺不到一格畫面的結束與另一格畫面的開始。我們根本看不到每格畫面之間的空隙，就像我們看不到念頭與念頭之間覺性的空隙一樣。

於是，最後我們就活在由這「相對之心的三個面相」所虛構出來的世界中，層層疊疊地建造出一個堅固而牢不可破的現實世界，成為我們的重擔，把我們鎖在一個小小的空間裡，關在生命的一個角落，幾乎和真實的自己完全隔離。

我們知道所謂的監獄，就是一個高牆圍繞的地方，囚犯被關在裡面，因犯罪而被迫和世界隔離。囚犯有一套例行的生活作息，讓他們可以打發度過每一天，但想要完整體驗人生、享受生命的可能性，則幾乎完全被斷絕了。

我們也差不多就像這樣，被限制，被囚禁，被關在概念監獄的高牆中。佛陀說這一切追根究柢都是因為「無明」：不明白自己的真實面貌，不認識自己自由解脫的本性，不知道自己有著讓生命快樂、圓滿、豐饒的潛力。

自由解脫的本性

這「無明」是一種盲目、看不清的狀態，以為眼前所看的這齣電影是真實的。前面曾經提到，當我們相信這忙碌的心——這概念和情緒的河流，就是真實的自己，那就像在睡夢中不知是夢一樣。我們不知道自己睡著了，不知道自己在作夢，於是對夢中的境遇毫無控制之力。佛陀說，想要醒過來，想要打開監獄大門的鎖，關鍵的鑰匙就是「自知自明」，它能夠滅除無明，就像點亮千年暗室裡的一盞燈一樣，不管曾經黑暗了多久，光芒都會立刻把整個房間照亮，於是我們將會見到之前從未見到的真實本性，那本來就自由、解脫的自然狀態。

解脫的到來可能就在剎那之間。前一剎那，我們還被生命中所有的一切綑綁著：「我身為何人」的概念、在世間的身分、和人們之間的關係、和各地之間的關係，以及這關係所帶來的負擔與壓力……我們深陷於這一切所交織的網中。但是，下一刻，解開了，再也沒有什麼阻礙我們，我們可以自由的走出門外，事實上，整座圍繞我們的監獄都消融於無形了，沒有什麼地方是我們需要逃離的，而改變的只是我們的心。當心改變的那一刻，被綑綁、束縛的那個「我」就得到了自由，感受到的是寬廣浩瀚，而不再是監獄。如果沒有監獄，也就不會有囚犯，事實上，從來沒有任何被監禁的囚犯，只有我們心中那些以概念的磚瓦、混凝土所建築的高牆。

然而這並不是說世界上並沒有真實的監獄、獄卒，沒有監禁、限制，沒有阻礙我們的外力，並不是說那些都只是個可以一掃而空的念頭，我們不應該對這現實世界的任何層面視而無睹，但即使是這些監獄和負面力量也是來自於別人的心念，也都是經由別人的心、別人的迷惑所製造出來的產物。對於這一切，雖然我們現在不能改變什麼，但是我們有力量改變自己的心，訓練自己的心，這是我們現在可以做的；以後終究有一天，我們將會開展出足夠的智慧來幫助別人。

不變的心

佛陀教導弟子相對之心的「無常」與「和合」（由許多事物所合成）的性質，目的是為了向他們介紹心的究竟本質：那純淨的、不是造作所成的、不變的覺性。關於這一點，佛教和「原罪」的神學概念，有著截然不同的分別，「原罪」認為人類因為違犯了神聖的律法，所以天生具有靈性的污點。而佛法的觀點則認為一切生命的本質是本來就純淨無染的，飽含著正面的素質。當我們覺醒，有能力看穿自己的迷惑時，就會發現連自己那些老是惹麻煩的念頭和情緒，其實本質上也是這純淨覺性的一部分。

發現了這一點，會帶來一種鬆坦、喜悅、幽默的感覺。我們不用把任何事看得太嚴重、太當真，因為我們所經驗到的任何相對層面事物都是如幻的。從究竟的觀點看來，這一切就像是一場清明的夢，是自心鮮活逼真的展現。當我們在夢中醒覺時，不管夢裡發生什麼事，我們都不會太當真。就好像在迪士尼樂園坐在遊樂設施的車廂內，車子會載我們高高「飛」進星空中，被滿天星星所環繞，城市燈光在腳底閃爍，我們覺得好美，好享受，不過我們不會把它當真。而當我們被遊樂器載進鬼屋探險時，鬼屋裡會冒出各種鬼怪、骷髏和怪獸，我們就算嚇一跳，還是覺得很好玩，因為我們知道那不是真的。

同樣的，當我們發現了自心的真實本性，我們就會從一種根深柢固的焦慮、恐懼、對於此生的顯相和遭遇的擔憂中解脫，鬆了一口氣，安心下來。心的真實本性告訴我們：「何必這麼緊繃呢？放鬆，享受你的生命吧。」只要我們願意，我們是有選擇權的，但有時我們有一種特別強烈的習性，無時無刻想要奮戰、對抗，如果是這樣，連迪士尼樂園都會變成一個恐怖的地方。但這也並無不可，現代社會尊重每個人的決定，總是提供各種選項，您要如何，悉聽尊便。

人們常問：所謂的「覺性」到底是什麼感覺呢？所謂的「真實本性」會不會是像植物人一樣？那是一種昏迷狀態嗎？還是像老人癡呆症？不，事實上完全不是那麼一回事，當我們了悟真實本性時，我們那相對之心將會運作得更好，當我們從貼標籤的習性中解脫，世界就變得明朗清晰，我們會看得更清楚，想得更清楚，而且感受著情緒鮮明、醒覺的本質。那開放、廣大、鮮活的體驗，是一種很美妙的境界。想像一下，就好像站在美景中的高山之巔上眺望世界，四面八方都毫無阻礙的感覺。這就是所謂的「自心本性」之體驗。

讓自己從無明中解脫

倘若「自知自明」就是解脫的關鍵，那要如何才能從「無知」走向「知」呢？佛法這條道路的邏輯很簡單：我們從無明所主宰的迷惑國度出發，經由聽聞、思維與禪修，逐漸生起智慧與領悟，最終得以脫離無知、無明，到達智慧的國度。所以，這條道路最重要的是心智的成長，是洞見的開展。我們越訓練心智，心智就會越來越有洞察力，越來越敏銳，最後敏銳到能夠切斷將我們捆綁在痛苦中的概念與無明。所以我們所做的是訓練自心的工作，我們修習，我們鍛鍊，像在健身房練身體一樣修練我們心中的叛逆之佛。

心智可不簡單呢，它不是一個可量化的東西，不是一個以「所知多少」來評量的數據，它是活的，它是智慧的手腳，載著我們前進，帶我們到達目的地。當我們開始拆除概念的圍牆時，所將改變的不只是我們自己，也開始改變周遭的世界，而這可不是一件容易的事，它需要堅定的決心，因為我們所挑戰的正是和我們最親密的事物：對於「自我」的設定，包括自己的「自我」和別人的「自我」。不管這個「我」正在受苦受難，或是凶狠殘暴，它都是我們熟悉的、永遠珍愛的老朋友。而當你見到自我的實相時，你是以一種剝除一切概念，赤裸裸的方式見到它——就好像「國王的新衣」那個故事，喊出「看啊，國王沒穿衣服」比較容易，當自己是國王的時候，要喊出「看啊，我沒穿衣服」可就另當別論了。

自我的傳奇

想像一下，有一天你發現自己緊緊握著拳頭，感覺手裡一定握著重要無比的東西，所以絕不能放手。你的拳頭握得那麼緊，以至於手都痛了，疼痛的感覺從拳頭一路傳到整隻手臂，緊繃的感覺遍佈全身。這樣的情況持續了好幾年，時或不時，你就要吃顆阿斯匹靈，或是喝點小酒、看看電視，甚至去高空彈跳才行。日子就這樣一天天過去了。有一天，你忽然把這事給忘了，你的拳頭鬆開了……裡面卻什麼也沒有。想像一下，你會有多驚訝。

佛陀說，這種「緊抓不放」的習慣之所以養成，就是造成痛苦的根本原因：無明。我們應該問自己一個問題：「我緊抓不放的是什麼東西？」我們必須深入其中去觀察，看看自己所執著的事物是不是真有其事。根據佛陀的說法，我們所執著的事物其實只是一個「傳奇」，只是一個想著「我」的念頭，由於重複了太多次，以致於創造出一個幻化的「我」，像是投影出來的虛擬實境一般，如此堅實，令人信以為真。每一個想法，每一股情緒，都有「我」在其中扮演著思想者、感受者，然而它其實只是心所編造出來的幻想，一個自古以來的老習慣，在我們心中根深柢固，以致於這執著都已經變成我們自我認同的一部分。如果我們不再執著這個「我」的想法，甚至可能會覺得少了什麼，好像有個熟悉的東西不見了，有個好朋友突然不見了，或是某種慢性病突然消失了的感覺。

就如同緊抓著一個想像出來的東西不放一樣，執著「自我」對我們並沒有多大好處，只會為我們帶來頭痛和胃潰瘍，而我們又會在那之上發展出各式各樣的痛苦。這個「我」

非常急於護衛自己的所愛，因為它立刻就感覺到有「他人」的存在。一旦有了「我」與「他」的想法，整齣「我們」與「他們」的大戲就此隆重上演。所有這一切都在一眨眼的功夫內發生：我們執著地站在「我」這一邊，評斷著「他」究竟對我們是有好處，或是壞處，或是根本不重要；最後，一套制式反應就形成了，對於某些事物，我們感覺到渴求，想要獲得它，對於某些事物，我們感覺到恐懼、敵意，想要擺脫它；而對於其他事物，我們漠不關心，視若無睹。

所以，執著於「我」和「我的」的結果，就是生出一大堆迷妄偏執（neurotic）的情緒與批判，就連自己也難逃被自己批判的命運——因為欣賞自己的某些特質，我們變得自我膨脹，又因為討厭自己某些特質，而看輕自己，同時對於自己真正的痛苦大都視而不見，因為我們內心正忙著為「作一個讓自己滿意的我」而掙扎。

如果相較起來，鬆手、放下能讓我們感覺好得多，輕鬆得多，為何我們還堅持緊抓不放呢？自心的真實本性一直都在那裡，只是因為我們見不到它，所以只能緊抓住看得見的東西，努力想改變它原本的面貌。把事情複雜化，似乎是「自我」得以存活的唯一方法，非得創造出一個曲曲折折的迷宮，或滿是鏡子的密室不可。我們那偏執的心變得九彎十八拐，以至於難以捉摸它的行蹤。

我們花了這麼大的力氣，只為了說服自己：在心的無實本質中，我們找到了真實的東西，找到了一個單一的、恆常的個體——一個可稱之為「我」的東西。然而這麼做剛好和事物的真實本性背道而馳。我們想凍結住自己的體驗，創造出某種堅實的、可捉摸的、穩固的事物，但事實上這事物自身並沒有這些性質。這就好像硬要虛空變成大地，硬要水流變成火焰一樣。

我們認為放棄「自我」的想法是瘋狂的，認為這一輩子全靠這「自我」了，但事實上，想要得到自由與解脫，全靠你放下、鬆手。

第4章

佛陀向前行

在年輕的心中，有一種「世界正在改變」的興奮和希望，
向外看，外在有一個物質主義和道貌岸然的社會，
往內觀，他們發現體驗世界的新方式，那是一個新世界，
只要看見它，人間天堂可能在此刻成真。

五〇年代末期到六〇年代，當第一批佛教老師來到美國時，這個國家還不滿兩百歲，比起古老的東方文明，美國就像是個還在問「我是誰？長大以後要做什麼？」的小孩。直到今天我們都還常聽到這樣的問題：「怎麼樣才是真正的美國人？什麼才是真正的美國價值觀？」

第一批抵達這個「新世界」的佛法老師，所帶來的不只是佛法，也帶來了古老世界的文化；其中有些人在此定居，接受本地文化，學習本地語言；而其他人僅止於造訪，並未融入當地語言與文化。他們盡了極大的努力，讓佛法在西方奠定基礎，雖然難免產生一些文化衝突和誤解，但他們仍然對這些西方弟子懷抱著很大的信心，而弟子們也回報以開放的心胸和信賴。

然而當時佛法在各方面的呈現方式上，都帶著文化色彩，從佛龕的擺設到佛堂的律儀都是如此。某些程度上，這在當時是有其必要性的，六〇年代的嬉皮正經歷一場心靈革命，他們所追求的正是改變西方文化、把社會從僵化的制度和價值觀中解放出來，遠渡重洋而來的這一套嶄新且充滿異國風味的心靈之道，因此顯得相當迷人，甚至在這場時代的劇變中扮演著關鍵角色。

不過既然我們活在此時此刻，擔憂的是自己的生活，兩千六百年前的事跟我們有什麼關係？甚至還提這些五十年前的事做什麼呢？提起這些的原因是：我們必須回顧佛法來到西方的歷史，然後問問自己：「為什麼要建立美國的佛教，以及現代的西方佛教傳承呢？是為了誰呢？」答案很簡單：為了幫助生活在此時此地的我們找到當年佛陀所找到的相同真理。真理不會改變，不會像服裝一樣隨著時間流行或退流行；但取得真理的管道卻必須保持暢通，如何讓真理「易於取用」，我認為那會是另一場心靈的革命。

觸動世界的風潮

六〇年代在我心目中有著獨特的重量，它代表一場文化和心靈的革命，而且就發生在我的生命中。雖然在那風起雲湧之初，我才剛在地球的另一端出生，但依然受到了切身的衝擊。若說這是一場觸動全世界的改革風潮也不為過，它從美國席捲至歐洲及部分亞洲，當西方的嬉皮、學者、詩人、音樂家和毒蟲開始出現在古老的道場、寺院、禪堂，也對亞洲的佛教文化產生了必然的衝擊。他們口中念誦著「嗡」（Om），來此尋找智慧和真理，希望知道宇宙和心靈的本質。不久之後，我在印度錫金山腳下，從寺院村落的留聲機中，第一次聽到搖滾樂：滾石樂團、披頭四、巴布迪倫和艾爾頓強。我認識的第一個年輕外國朋友來自美國，隨後我陸續結交了來自歐洲、英格蘭、東南亞……世界各地的朋友。

對我來說，這群戴著花的嬉皮孩子們[1]，這個新生的世代，讓我看見了這改變中的時代和世界的未來。這一群年輕人形成一股強而有力的反主流文化，拒絕接受既定的價值觀，對權威提出質疑，過著自由思考、實驗性的生活方式，提倡「意識抬頭」[2]新主張，他們跳出主流文化，挺身反戰，為人民的權利、女性的權利、同性戀的權利，以及危急的地球環境上街遊行，聆聽著他們叛逆的歌曲：即時把握（Get it while you can）、愛是唯一（All you need is love）、同情惡魔（Sympathy for the Devil）[3]。

在年輕的心中，有一種「世界正在改變」的興奮和希望，向外看，外在有一個物質主義和道貌岸然的社會，往內觀，他們發現體驗世界的新方式，看見那超越一切的實相的可能性，那是一個新世界，只要看見它，人間天堂可能在此刻成真。雖然僅只短暫一瞥，仍然帶來改變。儘管當時那一切如此短暫，但那鮮活的啟發力和叛逆精神所帶來的衝擊，至今仍觸動人心。

那追求自由的渴望——不只是外在的自由，而是完全的自由——具有轉變的力量，人們邁向自由的每一步，都留下後人得以追隨的足跡，無論是就社會、政治或心靈領域而言；而這三個領域並非毫不相關、截然分明，也非任何國家或文化所獨有。

雖然六〇年代的心靈革命已經退潮，但其中某些願景卻已證明它們具有歷久不衰的意義，某些社會和公民權利的解放已經成功，或至少打開了成功的大門。我認為其中影響最深遠的層面在於心靈領域，那是一道觀照心靈和探索真理的曙光，令人回想起悉達多王子的時代，年輕人齊聚在森林裡，辯論、學習、全心全意想要找出解脫之道的情景。

世界變了

如今已是二十一世紀初期，看看你的鄰居，那些曾經開著福斯麵包車的老嬉皮，早已把頭髮剪得整整齊齊，鬍子刮得乾乾淨淨，看起來就像他們當年所反抗的當權派一般。愛與和平的那一代，讓路給雄心勃勃的下一代——開 Saab 汽車的雅痞。接著，憂心忡忡的X

1 戴著花的嬉皮孩子們（the hippie flower children）：1960 和 1970 年代西方國家的年輕世代，對當權政治感到失望，認為社會主流文化過於陳腐，他們被稱為嬉皮，經常在遊行集會時，頭上戴花或贈花給路人，因此亦有花童的外號。

2 意識抬頭（consciousness raising）：由於嬉皮沒有統一的宣言或特定的領導人物，也不是針對某種文化而發起的社會運動，他們想要突破的是主流文化，以「意識抬頭」希望改變當代人們的內心價值。

3 即時把握（Get it while you can）、愛是唯一（All you need is love）、同情惡魔（Sympathy for the Devil））：這三首歌依序是珍妮絲賈普林（Janis Joplin）、披頭四（The Beatles）和滾石樂團（The Rolling Stones）的作品。

世代來了，上一代留給他們的麻煩多於福蔭。如今他們的小孩，Y世代以降的年輕人正蓄勢待發，一邊打著電動玩具，一邊等著躍上舞台。世界變了，而且會一直變下去，像是「自由愛情解放運動」（Free love）[4]這種嬉皮風潮中沒什麼好大驚小怪的事情，現在已經不復存在，也許適合當時，但現今時代與文化都已改變。人也變了——男女、家庭的心理與需求都不同以往，物價變高了，工作機會也不同了，某些職業消失，某些新興行業取而代之。

當然我們還是可以留長髮、蓄鬍子、吸食LSD[5]，開著畫滿塗鴉的福斯小巴士，只不過別人會笑我們：「瞧，那假扮嬉皮的傢伙。」假扮是成不了真嬉皮的。並不是外表扮成什麼樣子或以某種方式過生活就是嬉皮，嬉皮的一切所做所為在其文化與歷史背景中自有其目的性。今天的我們硬要模仿他們的外在形式——髮型、毒品、解放愛情、麵包車，是沒意義的，只是虛有其表的行為，如同廉價的贗品，其中不再有任何核心價值，背後不再有哲學思考。與其如此，不如剃光頭，吸大麻，在這時代還顯得真實一點，至少在我看來這樣的人還滿多的。

今日我們所居住的已經是個不同的世界，若要佛法和我們保持切身關聯，就不能堅持「佛法嬉皮時代」的古老呈現方式，不能硬要把它移植到二十一世紀而不加改變。

當佛教初抵美國時，它是全新的外來客，此地沒有任何相似的靈修傳統可以接納、吸收這些教法，想要進入佛法傳承一窺堂奧，「情境融入式」的學習方法[6]，被弟子們視為是最正確有效的必經之道。無論是禪宗弟子、藏傳佛教弟子、內觀弟子，都遵循著傳統的形式和規矩，那些香燭、供缽、佛像、鐘鈴聲、異國語言的誦經聲、禪修座墊、美麗的壁飾……匯合成一種美好的、適合冥想的效果，同時帶點異國風情，甚至感覺像是到了另一個世界。但這其中哪些是真正的佛法，哪些純粹只是文化形式，剛開始時誰能分辨得清楚呢？

---

4 自由愛情解放運動（Free Love）：嬉皮年代的「自由愛情」指的是戀愛和結婚的對象都解放禁錮，不再是「一男一女，走入婚姻」，同居或公社式的生活亦有個人自由，也帶動了同性戀者權益和女性主義、兩性平權等思潮。

5 LSD：一種化學合成藥物，早年研發用於化學武器或精神治療的臨床實驗，有致幻性、成癮性，並造成生理傷害，過量致死。美國政府 1967 年起嚴格禁用、查緝。

6 「情境融入式」的學習方法（The path of immersion）：或譯為「沉浸式學習法」，原為一種語言教學的方式，將學生完全置於該語言環境中，使其完全融入而收穫快速學習之效。

文化的面具

時至今日，我們必須想想，在這條道路上，怎麼做才能真正對我們有幫助。就如同今天仍堅持六〇年代的反主流作法，是一件沒有意義的事，同樣的，死守著東方傳統佛教文化的外在形式，假裝自己可以完全寄居在那種生活方式之下，而有實質意義，也是不智之舉。當然，正宗西方佛教傳統還只在起步階段，我們仍然需要多多仰賴「老經驗」的文化傳承，並從它們身上受益良多，但同時我們不應太天真浪漫，誤以為那些「文化」就是「智慧」，不該以為任何文化的表現形式是神聖而不可改變的。

東方古老的佛教傳統中，產生了許多優美有力的文化形式，許多方面都精緻微妙地呈現出其中內含的智慧。無論是風格還是實際的質地，都與其所要表達的智慧融合為一，如此契合，以致於這些形式本身就能夠把智慧的體驗，傳遞給瞭解其語言的人們。然而這不是一天一夜所形成的，這需要時間，需要世世代代的時間與人們的了悟去發現、改良這些形式。其中有些形式更是經過精心設計，足以為人們開啟一扇大門。

然而，一旦人們走進這扇門，矛盾的怪事就發生了——形式不見了。

在門的另一邊，沒有佛像，沒有香爐，沒有鐘鈴或誦經聲，也沒有榻榻米或花布織錦，沒有禪修座墊，甚至也沒有禪修的人。為什麼呢？因為所有這些形式化的事物，都只是帶領我們進入內心廣大境的手段，至於它們所要引領我們去看見的「智慧」，它本身並沒有任何相狀。我們不可能把「智慧」捧在手中，讚嘆它的顏色多麼鮮豔，然後把它擱在架子上，和其他獎盃、獎狀收藏在一起。誰曉得智慧的形狀、色彩到底是什麼樣子？甚至智慧到底在哪裡呢？唯一知曉的是我們的心，那醒悟的覺性，而它是無形無色的。

另一方面，所謂的「文化」卻是有形的，它展現出人類所經歷的點點滴滴，它是我們身上穿的衣服，口中說的語言，它是我們所創造的藝術，也是我們創造的制度，它是我們信仰的宗教、舉行的儀式，也是我們的信念與概念——我們看待世界的方式。文化是維繫社會的力量，也是一個社會的標誌，它雖然來自世世代代的傳承，但也一直在改變之中，在和新觀念及其他文化的互動之中，不停變動著。

我們可以說「文化」是我們共同經驗的展現，但它也是個人生命體驗的某個面相，那是「心的文化」。社會的文化給予我們較粗略的樣貌，而每個人又建立起自己的個人形象。或許我們可稱為「北方人」或「南方人」，但卻不是一個模子鑄出來的，就算同一個社群或家庭，也不是每個人都同一個樣子。的確，我們有一定程度的共同點，但在相同之中，又總是設法表現出自己的獨特性。我們有自己的個性，自己的風格，照鏡子的時候，我們見到的是一個獨一無二的身影，同時也見到一個有自己穿著風格、帶著獨特說話方式、喜歡或不喜歡某些音樂、食物和電影的人。這個鏡子中的反影有著自己的一套想法、信念和價值觀，以及習慣的思考方式、感受方式和行為模式，就是這些東西讓我們顯得獨一無二。

所有的這些特色，就是我們認為的「我」，或者「我的性格」，「性格」（personality）一詞來自拉丁文的「persona」，意思是「面具」。在別人眼中看來，這是一張面具，我們有點像是躲在面具後面說話的人。既然有性格，似乎自然要把它展現出來，而我們所創造出來的一切，從這張面具到家庭、事業、政府體制乃至藝術作品，最後又反過來集合成為我們所生活的文化。因此我們不難看出，這個世界、世上的制度、價值觀，都是來自於「心」——你的心、我的心、我們的心、他們的心，心心相連，共同而成。文化把我們塑造成現在的模樣，而我們是個什麼樣的人，又會反過來造成文化的改變。每個人都是社會這張大網的一部分，受到社會影響，同時也帶動影響社會的力量。就因為這種相互依存的關係，我們不能說個人和文化是互不相干的兩碼子事，只能說有「心」的地方，就有文化，有文化之處，就有「心」。

和佛陀見面

很久以前，佛陀曾經說過，未來如果有人讀到他的教法，那就和親自見到他本人沒有兩樣。所以今天我們仍然可以和佛陀見面，無論他是以佛法老師或佛法的形式出現，或者就出現在你的修行之中。當我們說「見到佛陀」，意思是見到我們那覺醒的自心。我們不必為了要和佛陀見面，而把自己改變成另一種人，這場「會面」的目的並不是為了要把自己變成另一個文化的學徒，也不是為了發掘別人的智慧。我們並不是要學習印度文化，然後把自己變成印度人，也不是要學日本或西藏文化，把自己變成日本人或西藏人。我們的目的是要探索自己的真實面貌，和自己本有的智慧接上線。

而和佛陀相見最好的方式，是請他來家裡坐坐。當我們研讀、修習佛法時，佛陀已經和我們在一起了。我們不必為了要能夠好好觀察自心，而把家裡重新裝潢成寺廟的樣子，或是印度風的陳設。假如一位現代的西藏佛法老師來訪，我們也不必為了表達歡迎，非得準備傳統的白絲巾和印度茶不可。第一次見面，也許我們可用亞洲傳統禮儀表達敬意，例如鞠躬或頂禮，但下次也許只要握手即可。我們可以招待客人一杯傳統茗茶，也可以來點不一樣的，例如可樂或星巴克的拿鐵咖啡。我們可以一起討論禪修，共進晚餐，看場電影，如此久而久之，一種分享與交流就會成形，彼此間將會培養出相互的敬意與友誼。慢慢地，我們會發現，不只我們可以從這位了不起的老師身上學到許多，自己也有東西可以給予，我們有這麼多寶貴的人生經驗和心得可以分享給對方，在這場跨文化的友誼中，我們不只是受惠者，也是貢獻者，我們在這場對話中的貢獻，豐富了兩個世界。

第5章

一切從拯救自己開始

「夠了，夠了，這一再重複的模式，
今天就是它了結的時候了，我不會再上當了！」
就在此時此刻，你與叛逆的佛心之間的電路接通了，
尋找個人解脫的心甦醒了，你正走在通往自由的道路上。

對於決定踏上佛法這條心靈之道的人來說，這會是一趟什麼樣的旅程呢？究竟會體驗到什麼？必須做些什麼？會遭遇到什麼？而這一切又會為我們帶來什麼樣的改變？

佛法之道有它的學習曲線，就像人生一樣。當我們還是個孩子時，父母會照顧我們，一旦我們能夠獨立自主，就進入了一個新世界，一時之間我們要面對所有的挑戰——新工作必須上手，人際關係必須處理，還有時間、金錢和家庭等著我們安排。一開始我們可能會被壓得喘不過氣來，不確定自己到底有沒有辦法搞定這一切，也沒把握「明天過後」甚至「明年過後」這一切會不會變得容易一點，我們不曉得，因為我們從來沒有經歷過這一切，過去從未處理這麼大的問題，所以沒有什麼可以參考的依據。因此，剛開始時父母家人、前輩和朋友會幫助我們，給予我們支持與鼓勵，不過我們心裡明白，終究得自己面對這一切，無可迴避。

同樣的，在心靈的道路上，一開始我們都所知不多，但只要繼續下去，隨著所學增加，就會越來越駕輕就熟，越來越有信心，對於「研究對象」展現出越來越多的能量與熱情。一般來說，我們的「研究對象」就是「心」，尤其是我們自己的「心」。雖然傳統學習方式中，有一部分要跟隨老師一起研讀、修學等等，但在這條道路上，最關鍵的部分還是在於「實際操作」，也就是要直接面對、探索、觀照自心與體驗。

一旦我們開始研究自心，就會開始了解心的運作方式，我們會發現其中有一種「因」與「果」（cause and effect）的定律，我們發現某些行為會產生痛苦，而某些行為會帶來快樂。一旦了解這一點，我們發覺只要停止製造痛苦的「因」，就能止息痛苦。同時，在我們心中，我們將會越來越清楚地看到整個「心靈檔案」，這意思是，我們開始觀察到那不斷一再重複的思想模式和感受模式，我們發現自己和世界的關係和互動總是那麼老套、不難預料。我們也慢慢發現這心中所顯現的一切都轉瞬即逝，如此短暫。然後，到了某個程度，我們將會開始瞥見自心的大全景——燦爛的覺性，它是那些閃現的想法和情緒的源頭。這是你第一次看見心的真實本性，是這條路上的一個里程碑，你體驗到了自由解脫的滋味。

話說回來，初入門的學習是很重要的，因為它就像是一張好地圖，可帶你一窺整趟旅程的脈絡。地圖上會標明哪些是大路、哪些是小徑，哪些是岔路或死胡同；也會告訴你哪裡有山，哪裡有谷，哪個方向有城市，哪個方向則一無所有。我們可以在圖上找到自己目前的位置，也可以知道自己將往哪裡去，如此一來，我們就知道怎麼為未來的每一段行程做準備。本書接下來的部分，將以使用者的體驗觀點來介紹這趟旅程，為您導覽佛陀的這張地圖。

我們都知道自己的目的地是自由與解脫，而要了解何謂自由、自己又是如何不自由，端賴於觀察、研究我們的自心。一開始要先進行的，是一些基礎課程的學習，在這段期間，我們將面對一些人生的真相，體認到身而為人的處境，如果這段時間的學習能夠真正進駐你心中，那將會產生一股轉變的力量。在這時期，最根本的目的是要體認到自己的孤獨和痛苦，並且了解到轉化生命的力量一直都在我們自己手中。因此，這條道路的起點，是以「對自身的省思」以及「建立起動機」做為開始，接下來才開始學習如何在自心「下功夫」的各種方法。

從自己開始：尋找個人的解脫

心靈之道的出發點至關緊要，要怎麼開始呢？佛陀教導我們，首先應該把焦點放在自己身上，致力於得到所謂的「個人解脫」（individual freedom）。意思也就是說：真正算數、最為要緊的是你自己的解脫，而不是別人的，不是你最好的朋友、你的情人、你的家人，也不是你的團體、國家，甚至全世界，而是你，這是你自己的事情，無論你是個什麼樣的人，現在身處什麼境遇，你都要由自己開始，因為就是你那躁動不安的自我，那虛幻的自我，要啟程尋找自由。那想要覺醒，想要脫離痛苦的，除了自己以外，還有誰呢？

想要讓自己自由，想要讓自己快樂，是每個人都有的自然原動力，是人類心中的基本欲望。問問每個人：「你希望脫離痛苦嗎？你想快樂嗎？」毫無例外的，每個人都會說：「是呀，當然，就是因為這樣我才朝九晚五的上班。就是因為這樣我才去上夜校。就是因為這樣我才搭夜航班機，然後一早直接衝進會議室裡。就是因為這樣我才辭掉這個工作。就是因為這樣我才結婚，也就是因為這樣我才離婚的呀。」

某種程度上，我們所做的一切，都展現出這種追求自由與快樂的欲望，然而我們讓自己自由一點和快樂一點的方法，卻常常不能達成自己所願。我記得在世界上剛開始有網際網路和高速電腦之初，常聽到許多西方朋友說：「哇，這些工具真是太棒了，電腦會讓我們工作變得更容易，更有效率，以後我們自由的時間可多了！」我猜他們一定以為自己會有更多時間陪家人，有閒暇去墨西哥或加勒比海小島度假。然而，有了這些好用的工具和新奇的玩意以後，大家卻忙得更不可開交。我們整天被電子郵件追著跑，想跟朋友好好吃頓飯都不得閒，朋友正跟你說話呢，你的手機卻嗶嗶響起，而你實在忍不住不去閱讀一下新訊息。如果連吃飯都不自由了，更別提其他我們以為電腦會為我們帶來的自由時光了。

同樣的，一切我們所擁有的物質都是如此，如果我們想擁有它們的欲望，是希望它們能解除痛苦，解除我們根本的不安全感、憂慮、自我認同危機……或單純只是無聊所帶來的痛苦，那結果也會是一樣的。我們或許以為「這些我都知道啦」，但其實還是相信新房子、新車子、新的筆記型電腦，或一台新的高解析度超薄電視機會為我們帶來一股力量，以某種方式改變我們的生活。然而後來我們所得到的，卻是緊追在後的銀行貸款、傷腦筋的汽車保險金，還有新電視上一成不變的老節目。我不確定從這些事情裡頭，我們到底真正得到多少快樂，其中似乎總含有某種程度的痛苦，也許在我們簽下「我同意以下條款……」的購物合約時，就同意接受這些附贈的痛苦了。

這其中的問題，並不在於「想要快樂」的欲望是錯的，而是在於我們用了錯誤的方法去達成所願，在「如何才能快樂與自由？」這個問題之中，我們敗在「如何」這一關。甚至有時我們會把自己所擁有的自由，轉變成痛苦的原因。如果家人或朋友常常來找我們玩，我們就覺得失去了私生活，失去了自由，我們會抱怨說：「拜託，給我一點空間好嗎，我需要自己的空間！」於是我們帶著筆記型電腦逃到無線上網的咖啡廳，一心只想躲起來，最好沒人找得到。相反的，如果很久一直沒人來訪，我們又會抱怨：「怎麼都沒人來看我？唉，我好孤單。」就這樣，我們總陷於進退兩難，一會兒這樣，一會兒那樣，有了這個，就又想要另一個，為自己創造出越來越多的內心衝突。那是因為我們還沒有找到一個簡簡單單就可以快樂起來的方法。不管擁有多少自由，我們還是有一種不滿的感覺，似乎總想為爭取更多的自由，或另外一種自由而奮戰，也因此我們的痛苦永無止盡。

自己的經驗才算數

佛陀在教導「個人解脫」的重要性時，給了我們一個非常簡單又有深意的指引：「開始做任何事之前，都先讓你的心，全心全意與那想要解脫的欲望結合在一起，如此，你就會學習到能圓滿心之所欲的最有效方法。」

這也就是說，你自己的解脫之道，必須結合上你個人獨特的生命體驗。我們每個人都應該看看自己的受苦經驗，看看它是多麼的獨特。每個人所受的痛苦都不盡相同：讓我痛苦的事，也許你並不以為苦；讓你覺得辛苦萬分的事，對我而言也許很容易，甚至很有趣。你喜歡做的事，對我來說也許很可怕或者很無聊，如此等等。

當我們終於下定決心，要從痛苦中解脫，以得到自由，這時我們心中懷抱著這樣的心願：「我要把自己從痛苦中解救出來，我一定要保護自己，讓自己脫離這讓人心碎的苦難！」如此，我們就踏上了「個人解脫」的道路，一切就從這裡開始。

不用擔心這樣的想法太過於「個人主義」。也許我們會覺得全心關注自己，把別人排除在外，是一種自私自利、傲慢且無益於心靈的表現，會造成更大問題。沒錯，一般情況或許如此，但現在我們的目標是心的訓練，這將會為我們帶來自律，以及真正的智慧。「個人主義」並沒有錯，用錯地方才會造成麻煩，如果能把這種個人主義引向正確的方向，將會是非常正面的。何謂正確的方向？只要停下手邊的一切，看看自己的人生實況，也許就會知道。當你看著人生的實況時，要不是被嚇呆，要不就是很快找到自己的方向。

人生的真實狀況是什麼呢？

人生中有很多種痛苦，其中最值得我們深思的是：沒有任何事物會永遠存在，生命是如此短暫，時光點滴逝去，毫不停留，當死亡的那一刻驟然來臨，我們會詫異萬分。

你是孤獨的

為個人著想是合情合理的，因為很明顯，我們在這世上是孤單一人。我們要面對這個事實，學習獨立。從我們離開母親的子宮，臍帶被剪斷的那刻起，我們就孤單一人了。剪斷臍帶，多麼具有象徵意味的動作啊。接著，從學會自己呼吸開始，我們開始學習獨立。

當然，這一路上很多人會幫助我們，雙親、保姆、家庭、朋友……但你還是得獨自長大。父母送你到校門口，接著你要自己走進去，面對幾百個其他孩子。每天，你都要自己度過。一個人讀書，一個人考試，就算最好的朋友也不能幫你。畢業時，你獨自戴著方方的學士帽；找工作時，是你自己要傷腦筋，找到工作了，為這工作負責的也是你自己。不管有多少人出現在你生命中，最終沒有其他人能幫助你成為理想中的自己，只有你。

或許我們沒有察覺，但是「我是孤零零一個人」的這個真相時時都跟隨著我們，而我們也以不同的方式感受到它。也許我們體驗到的「孤獨」感是一種不滿足，一種躁動不安的感覺，或是一種潛伏的焦慮或沮喪。不管身在何處，不管在做什麼，似乎總有一種「不夠」的感覺跟著我們，總是覺得少了什麼。坐在屋裡看著窗外的時候，就想出去走走，出去走了五分鐘，又覺得還是回屋裡比較好。漫無目的從書桌閒晃到廚房，卻想不出自己到廚房是為什麼，根本不渴也不餓。打開電視，卻又不停的變換頻道。身邊沒有伴的時候，我們幻想著「要是有個理想伴侶會有多快樂」，一旦那伴侶就睡在你身邊，卻還是沒有完全處於靜謐的感覺。簡單的滿足感是如此的稀有，我們總是不停在尋找一個「那個東西」，覺得「那個東西」就能填滿人生無處不在的大空洞。這是一個無止盡的搜尋。

不管什麼樣的欲望，得到你想要的東西和得到滿足感是兩碼子事，滿足感來自於內心。如果心中沒有滿足，沒有寧靜，到最後我們還是找不到完全的滿足感，找不到那完美的寧靜。就算事業很成功，薪水比你想要的還高，銀行裡有大筆存款，配偶、房子樣樣不缺，還有五個孩子，一輛好車，車上置物箱裡還有一把迷你衝鋒槍……就算你已經實現了所謂的「美國夢」，你仍然覺得還需要一點什麼別的。在這情況下，窮的是你的心，而不是你的生活或銀行戶頭。

但所謂的滿足感並不表示一副懶洋洋，坐著不動，發生什麼都很滿意，而是代表一種充實、圓滿、喜悅的體驗。當我們覺得滿足，就算口袋裡只有幾塊錢，都覺得很富足。如果不滿足，就算床墊下藏了幾百萬元，還是覺得痛苦。

痛苦幫助我們和它分手

每當我們陷入痛苦難忍的迷亂心境，從中解脫的最好方法，就是讓自己完全地體驗那痛苦。這能讓我們從內心激發起決心，立志要超越這些一再重複的習性，而這樣的決心是我們所需要的。只有當我們真切而直接地正視人生根本的苦難，才會生起真實而熱切的渴望，渴求走上個人解脫的道路。

痛苦不是問題，除非我們看不到任何解除痛苦的可能性，那才是個問題。只要我們願意在痛苦上面下功夫，痛苦就變成一個有助於我們改變的經驗。就是因為有痛苦，才會讓我們想要解脫，否則，我們連「解脫」這樣的想法都不會有——沒有痛苦，要解脫什麼？

因此，痛苦會大大增強我們祈願的力量，因為它讓我們的祈願變得真切。痛苦像一帖催化劑，點燃我們的決心，決定勇往直前去探究自心。

不過很重要的是，當我們心中充滿這樣的決心時，不要忘了前方的願景，要把追求解脫的目標時時放在心裡，不然我們會變得三心二意，三心二意的努力是不會有用的。如果我們失去了那偉大目標的願景，我們的決心就會時有時無、來來去去，依照當天的感覺好壞而定。日子過得舒服愜意的時候，這曾經下過的決心，感覺就沒那麼急迫，總覺得可以先做點別的事，至於「心」的問題，先不急，等到日子難過的時候再說。有時我們會想：「今天是這麼美好，難道我就不能什麼都不管，休息一下嗎？」當然可以，只要最後別卡在中間，左右為難，那會比以前更不幸。眼看著自由與解脫的美景就在前方，卻像是看著風景畫中的天堂美景，知道自己不可能置身其中。

所以，當我們面對痛苦，經歷著失落、憤怒、嫉妒……的那一刻，不要對痛苦說：「走開！你很煩耶，害我這麼難過。」相反的，讓我們直視著痛苦，然後對它說：「嗨，以前我見過你，現在你又出現了，雖然我一直想避免這一刻的到來，但是時候到了，現在我要和你面對面，把話講清楚。我知道，你其實一直在幫我，謝謝你，但是現在我要跟你分手了，再見，我要走上解脫之路。」

心的力量

要讓自己確信「從今以後，我不再用那了無新意、迷惑無明的心來面對痛苦了」，這是需要很大決心的。我們不想讓自己那一成不變的習性繼續下去，這些習慣性模式什麼也幫不上忙，只會讓我們失落，只會保證讓我們再次痛苦，而且可能更苦。我們可以告訴自己：「從今天開始，我真的要得到自由，我真的要把自己從這苦難中解救出來。」否則，如果我們自己不努力，卻期待會有奇蹟出現，或者寄望上天以某種方式出手相救，那就像是僱了一位不可靠的職業殺手，我們一直在等他完成任務，卻老是沒有回音。最後我們終會明白，這位殺手不會幫我們把麻煩搞定的，我們得自己來，對準自己的無明，直接了當給它一槍。

重點是，在心靈的領域，我們必須為自己負責，這是「非神論」之道的基本原則。我們不可能抬頭望著天空，很有把握說上面某處有人會拯救你，只要你答應依照約定行事，在固定時間出現在某個地點，並且按時繳交會費。不，沒有這樣的約定可做為靠山。也不可能像電影「教父」裡的角色一樣，繼續做黑社會買賣，心想反正最後出了事會有人罩你，因為你是黑道大家族裡的一員。不，佛教的觀點是：你必須獨立走過這趟旅程，而唯一能解救你的，就是你自己。

有時，為了能夠真正生起這種堅定專一的決心，必須受很多苦。就像是我們只有一點輕微的頭痛，可能還懶得理它，但如果是嚴重的偏頭痛，就會想盡一切辦法擺脫它的存在。如果只是時有時無的小小痛苦，我們很容易因為別的事情分心，忽略它的存在；但如果真正的痛苦來了，我們就會全神貫注，採取行動。就好像因為藥物成癮或其他上癮症而受苦的人，通常都要經過一番跌落谷底的痛苦以後，最後才會下定勒戒的決心一樣。

感覺毫無希望的時刻，正是開始感受真正解脫滋味的一刻。當你覺得一切都絕望了，一切都失去了，一切都無力掌控了，這時，正是佛法真正爆發力量的時刻。這時候，佛法再也不是理論性的空談了。當我們跌落人生的谷底，深深感受到痛苦時，堅強起來，別放棄，看著自己，告訴自己：「夠了，夠了，這一再重複的模式，今天就是它了結的時候了，我不會再上當了！」就在此時此刻，你與叛逆的佛心之間的電路接通了，尋找個人解脫的心甦醒了，你正走在通往自由的道路上。

捨離「痛苦的原因」

當痛苦的遭遇激發我們的決心，讓我們決定要逃出痛苦的牢獄時，這就是佛陀所說的「出離心」（renunciation）。我們看到痛苦，感受到孤獨，生命中無時不在的不滿足感讓我們難過不已，現在我們感覺自己已經準備好，要面對這頑強的憂苦循環，找出它真正的原因，把它連根拔除掉。

我們可能會說：「所有能避免痛苦的事，我都已經做了啊。」我們還真相信是這樣呢。其實只要仔細觀察一下就會發現，我們雖然很討厭受苦，卻似乎很喜歡那些會造成痛苦的事。也就是說，我們的所作所為和心裡的願望有點脫節。就好像明明很討厭宿醉，卻很喜歡喝酒一樣。問題就在於，一方面我們想擺脫痛苦，一方面卻繼續那些讓痛苦難以停止的行為，不只是因為我們已經習慣去做會造成痛苦的事情（例如讓自己沉溺在怒火或嫉妒中），還因為我們喜歡那種縱情其中的興奮感。

由此可見，顯然我們還不是很了解痛苦的運作機制，不了解其中的因果關係，這也就是為什麼佛陀說：「每個人都想快樂，卻又不斷把快樂當成仇敵一樣摧毀。」

所以在這趟旅程開始之初，我們有件很棒的事要做，那就是仔細探究因果，看看它們在自己生命中到底如何運作。這將會改變我們看待事物的觀點。以前我們覺得很有意思、常會不自覺沉迷其中的事，比方說，聊同事的八卦，一旦了解到這件事的後果，頓時會覺得那是個糟糕的行為。那些八卦是會傷人的，也會間接傷害到自己，它不是個天真無邪的行為。一旦理清了因果之間的關連，我們心中會生起一種定見，以前覺得沒什麼大不了的行為，現在會避之唯恐不及。我們發現自己之所以常常悲慘萬分，不是因為這個世界欺負我們，而是因為我們總是不假思索，隨著一時興起衝動行事。

和「欲望」打交道

衝動和欲望有關，欲望是一種更深層、更有持續性的感覺。欲望可以是漫無目標，沒有特別針對哪個對象，但欲望有一種傾向，就是會很快對於我們看到、聽到、聞到、嚐到、感覺到的美好事物形成貪著。一旦欲望找到目標，我們就想擁有那個東西。所謂的「擁有」，可能只是把那東西珍藏在心裡品味，例如一幅美麗的山林美景；或者也可能會變得有點瘋狂，對某件事太過著迷，念念不忘，像是想到法國南部進行一次浪漫的旅行。我們所說的話，所做的事，很大一部分都只是基於欲望的驅使。我們想要什麼就伸手去抓取，完全不去考慮後果，也沒有空間想想這是不是自己真正想要的東西，不管那是一段新的戀情、新的汽車，或是報仇的快意。一種強烈的感受和渴望把我們沖昏了頭，把其他念頭一掃而空，只想趕緊把一點什麼東西丟進嘴裡。第一口的滋味也許很甜蜜，片刻之間你會覺得很快樂，但你不知道的是，吞下去的東西是不是新鮮，是不是有毒，會不會害你生病。

欲望是個既迷人又盲目的東西，它有著醉人的力量，令我們熱情昂揚，同時降低清晰思考的能力，相信我們都懂得這種感覺。關鍵在於，我們必須了解欲望在因果的機制下是如何運作的。當欲望的能量和習性的力量合而為一的時刻，我們必須想起自己的另一個欲望——追求解脫的欲望，喚醒叛逆之佛的心，否則，最後我們可能會發現自己迷失在荒野中，或漂流異鄉，一無所有。

痛苦並不一定是由我們認為不好的東西造成的，有時造成痛苦的原因，是我們喜歡的、想要的東西，像是財富、名聲、權力或功成名就。任何可以帶來快樂的日常事物，只要太過執著於它，就會轉變成痛苦的來源。看看新聞，多少人因為執著財富，每天過得很痛苦？不管是個股票經紀人，或毒品販子，或是樂透彩得主，我們都不知道他最後會笑還是會哭。許多例子都顯示，我們的財富或對財富的欲望，最後有可能把我們送進牢裡或是死神的懷抱。

我們也許已經擁有許多日常生活中的快樂，但如果我們的快樂大部分是建立在物質享受與人們的看法上，就很難得到真正的滿足。悉達多王子擁有龐大的財富與極高的地位，但他將它們拋在身後，前去尋找內心的寧靜與內在的實相。日常生活中帶給我們快樂的那些事物本身並沒有錯，事實上，能擁有它們、享受它們是很棒的，沒有必要排斥它們。但萬一對它們的執著遮蔽了我們的雙眼，危險就出現了。無論是謙沖自持的小欲望，例如，只是想得到升遷，或搭船巡遊希臘群島，還是野心勃勃的欲望：想要併購一家企業，或為親朋好友包下「瑪麗皇后二號」郵輪……我們都應該要仔細觀察自己的心，看看這些東西是不是真的能給自己帶來快樂，還是會陷自己於更深的痛苦之中。

我們應該要有智慧一點，讓自己有一種放下欲望和執著的能力，就算我們已經得到了想要的東西。不然我們就完全沒抓住這趟旅程的重點，只是在累積世俗夢想的林林總總，把自由與解脫拋在腦後。最終，我們將會面對自身無常的事實，在死亡的那一刻，發現此生所做的一切努力、一切工作、一切成就，都投入了沒有實質意義的事情之中，而那將會是非常痛苦的領悟。

以這樣的心態出發，接下來我們要來看看轉化自心所需的因素，以及實際的方法。這裡的重點是：我們應該了解，得到自由與解脫的方法，並不是要捨離痛苦，而是捨離造成痛苦的原因。當痛苦出現，已經是既成的事實，我們只能讓自己安然度過，不可能回到過去，改變當初那個造成現在痛苦的行為，就像我們手裡已經握著一個蘋果，就不可能把長出這蘋果的種子挖出來一般。

第6章

和迷惑的心打交道

不管你的心感覺上多麼死氣沉沉，
多麼狂野或多麼瘋癲，
請相信，你並不是一個無可救藥的案例。

有時我們對痛苦真是太客氣了，任由它主宰我們的生活，其實，我們可以正面迎戰它，挑戰它不讓我們快樂的力量，如此一來，就能打開一條新路，走出新方向。既然我們的目標是要戰勝迷惑，達到完全的覺醒，現在我們要開始和那迷惑的心打交道，直接在心上下功夫。所以，我們必須進行一些「修行」（training，訓練），讓自己能夠更有效的探究自心，我們必須學習一些技巧，學習如何以及何時應用這些技巧。所以在這一章的一開始，我們要先了解學習這些技巧的目的何在。

在開始「修行」之前，我們應該先知道，所謂的「修行」，其實並不是多特別、多了不得的事。「訓練自己」是生命中很自然的一部分，是成長的一部分，是我們長大獨立並在這世界上立足的過程。

本章的另外一個重點，是對我們所要修練的對象有所瞭解。這些修行到底所為何來呢？我們要看到的是，自己的心不只是忙個不停，其中更有一些被黑暗、無明所籠罩的部位，陷入一種類似沉睡的狀態。這黑暗讓我們無法明辨事物、善巧行事，所以我們要讓光線進來，照亮這些黑暗角落，讓它們更有知覺，把它們喚醒。一旦它們醒過來，就能加以訓練。

這一章的最後，我們要練習「覺察力」（mindfulness）：看著心，一再一再把它帶回當下。這或許是任何修行中最重要的元素了，以免我們修行時「人在，心不在」。

生活中的修行

其實「進修」、「自我成長」這樣的概念，早已是西方文化中密不可分的一部分，不管以什麼形式，我們一直在進行著自我修練，從家庭開始，一直到學校與職場，我們不斷學習基本知識與技能，學習如何在社會體系下應對進退等等。一旦學會基礎本領，我們就以此基礎發展出自己的人生道路。也許我們不會把這種世間的修練當作是一種像心靈之道一樣的「道」，但是我們都會同意，到達任何目的地之前，的確都有一段路要努力。不可能指一指地圖，就到了你要去的地方；也不可能說「我要當醫生」，就變成一位醫生。

佛法之道的基礎修行，是身心的全面訓練，包含了身體、語言、心靈，缺一不可。這與生活中的「訓練項目」並無不同，在生活中，我們為了訓練身體，會去健身中心，上舞蹈課，學瑜伽，遵照健康指南控制飲食。如果志在馬拉松、芭蕾舞演出或奧運游泳項目，那需要的身體訓練就更多了。

日常生活中的語言訓練，則從基本的語言技巧開始，慢慢發展成表達和溝通的技巧。

每一件事都受到語言的影響，我們使用它來與人建立關係，彼此互傳訊息，表達自己的感覺，從「哈囉」到「再見」之間的每件事，都要學會該怎麼說，尤其是「我愛你」和「對不起」這最簡單的話語。在西方，「如何增進溝通技巧」這門學問已經發展成一項產業。求職時，應徵表格上的必考題目是：「您給自己的溝通技巧打幾分？」如果你不確定，身邊人應該樂於告訴你。

心靈的訓練則包含對世界的認識，以及如何清晰、縝密的思考。這是所有教育體系的共同目標，一顆配備了知識與理性的心，就容易看到問題、解決問題，也能看到機會，加以充分利用。我們擁有認識這世界的利器，幫助我們找到世上真正有意義的事物。

沒有這些訓練會如何呢？我們的人生各方面都將處於劣勢。經過這些訓練，身體、語言和心才會有更佳的效能，成為更能幫助自己完成目標的好工具，它們會為我們的快樂而努力，而不是背道而馳。

至於佛法的修行之道，也是一種「終身學習體驗」，只是課程內容經過稍微調整，以瞄準它的目標——覺醒，喚醒我們沉睡的心。整個學習過程都在於學習如何做到這一點。這麼說好了，它主要是要訓練自己的心，訓練那本來就覺醒的心智，去打斷我們的太平日子，防止我們繼續舒服安穩地沉睡下去，叛逆之佛將會在心中蒙昧、無明和迷惑出沒之處，燃起智慧的覺醒之光。這就是得到自我解脫的修練方法。它需要我們付出努力，需要我們去領會理解。並不是一彈指就會成佛，或是跺跺腳就會覺醒。

在開始修行之前，我們應該問問自己：「到底我真正想要完成的、想要提昇的、想要進步的是什麼？這些修行要達到什麼目的呢？」在某些心靈成長的課程中，也許用不著問這麼多，只要覺得「自己應該會變得更好」就滿足了。但現在我們應該對於「目標何在」以及「如何達成」，有一個更清楚、更具體的瞭解。換句話說，我們應該對於這條心靈之道上什麼「原因」會產生什麼「效果」的定律有所瞭解，並善加利用，讓「因果」的邏輯成為實用的工具。

心出了什麼問題

修行的其中一個目標，是要學習如何看見自心的全貌，以瞭解它出了什麼問題，知道它有什麼需要。佛陀曾經教導我們，在我們平常的心識活動之下，還有其他的心靈狀態，它們被封閉在黑暗之中，像是沉睡一般。要喚醒一個人，如果他睡得很淺，輕輕喊他、拍他，就可以把他搖醒，但要一個熟睡的人有所反應，可不是一件容易的事。現在我們要喚醒的，就是深藏心中那呆滯無感的部分，它們需要一些氧氣和光線來激發，讓它們甦醒。我們越能夠瞭解這顆心的全貌，就越能看穿心的表層，見到它底層的無明與迷惑。

黑暗之心

心的黑暗狀態，是我們的根本障礙。在這蒙昧無明的狀態中，沒有開闊明朗的天地，沒有真正的智慧和領悟的可能性，當這黑暗的心取得主導權時，我們甚至不知道自己所知多麼有限。我們沒有覺知到自己身處黑暗中，而且也沒有興趣知道。這才是主要的問題所在。我們不只是被矇騙，而且還沒有求知心，不聞不問，不想知道真相。在這樣一片黑暗中，我們開始責怪別人：「我怎麼會曉得時速限制是九十公里？又沒有告示牌！」或是「我不曉得今天要開會啊，又沒有人告訴我！」這些話中透露出一種不想探知真相的無動於衷，只要多點好奇心，少點怠惰，找出這些事情的真相不是那麼難。

無明還有另一個特徵，就是缺乏自覺，常常沒有意識到自身，沒有察覺到自己在做什麼。日常生活中常見的情況是，我們都以為自己意識相當清楚，其實常常搞不清楚自己正在說什麼、做什麼，等到發現的時候已經太遲了。「X的，我在做什麼啊！」我們常這樣在心裡暗自咒罵：「我跟另一半說這些做什麼？這下慘了，每天都要被念了。」這種事屢見不鮮。重點是我們所作所為和所說的話，對這個世界所造成的衝擊，有時遠超過我們的原意和想像，不只是影響到自己，也影響到被你的疏忽所波及的所有人。

心的這兩種狀態：蒙昧與無明，常常超乎意識所能感知之外，然而我們必須設法轉化它們，怎麼做呢？首先我們必須先認出自己蒙昧無明的體驗，接著「叛逆之佛」就能出手，將它們喚醒。

超級巨「心」

心還有另外一個更需要仔細觀察的面相，那就是「情緒的心」。雖然情緒較為顯而易見，但我們對它的認識，卻不如自以為的那麼深。也許我們已經發現情緒所立即帶來的痛苦，卻很少發覺自己是如何利用情緒來強化自我的執著，或自我的重要感——而這兩者正是造成痛苦的更深層原因。我們的作法是把某種情緒和自我畫上等號，然後以身為「某一種人」而自豪。例如：「我是一個火爆浪子」、「我是一個醋罈子」或者「我是個性好漁色的傢伙」。不管什麼樣的情緒，都讓我們覺得與眾不同。我們從中得到某種可以引以為豪的東西，至少在自己心裡，覺得自己是一號「人物」，因為我們是個「有個性」的人，不是個販夫走卒，我們的憤怒或貪慾可以證明這一點……就這樣，我們的情緒變成另一種迷惑自己的東西。

然而情緒的實際體驗，卻是完全不同的一回事。它們很自然的來來去去，情緒來的時候，繽紛多彩，充滿能量，走的時候，什麼也沒留下。我們應該記得一個關鍵，那就是當情緒升起的時候，一開始只是個簡單的念頭，除此無他；但隨後我們卻進一步引申，為我們的情緒鋪下紅地毯，十分看重它，把它待為上賓，於是突然之間情緒的重要性高漲，搖身一變成為我們心目中的要角，超級巨星。相較起來，其他的念頭變成只是無趣的呢喃。

當我們太過於執著某種情緒，甚至會引起身體反應。一陣突如其來的暴怒，會讓我們像是打了一劑腎上腺素，心臟狂跳不停；而嫉妒發作起來，會令我們輾轉難眠，整夜在腦中編織各式情節和各種理由。就連在日常生活中，我們也可能把情緒的苦惱背在身上，化為頭痛、背痛、反胃等等各種症狀。我們可能一天到晚都覺得累，但是卻睡不著；或總是很亢奮，靜不下來。我們對於情緒的執著越強烈，時間越久，它們對我們的影響就越深、越廣。雖然我們偶爾會抱怨情緒帶來這麼多痛苦，但卻還是歌頌它們，不管它是要帶我們上天堂或下地獄，我們都對它打動人心的無比力量，感到欽佩著迷。

在商場上想要商品賣得好，基本原則就是不斷強調這個商品的重要性，最後每個人都會買你的帳，不管他們需不需要那玩意兒。同樣的，我們一直在向自己推銷情緒的重要性，自己同時是商家也是顧客，同時是推銷員也是容易受騙的消費者。在這場交易中，最後到底是誰會獲利呢？而要付帳的又是誰呢？要多久才能繳清這筆款項呢？

我們其實是有其他選擇的，我們可以讓自己瞭解到：情緒只是平常心念變動的一部分，而心念的變動是短暫的、剎那即逝的。當我們說：「嗯，現在有個憤怒的念頭來了」或「我現在有個嫉妒的念頭」，這就表示我們已經察覺到自己的體驗，也覺知到它轉瞬即逝的本質。我們已經快要可以轉化它了。

絕望的心

有時我們會放棄自己。正如有時會陷入無明與迷惑之中一般，有時我們也可能陷入失去自信的心境中，開始看輕自己，對自己沒有一種真正的自尊與自重。我們不相信自己有能力走過修行的旅程，不相信自己有力招架其中的挑戰。也許我們對自己的形象還滿有自信，問題是這只是表相，在樂觀的表面底下是一種無望的感覺。當我們正需要勇氣與決心，正要朝自由解脫的方向更進一步時，信心不見了。

我們可能會想：也許佛法對別人很有幫助，但幫不了我的。在這樣的心態下，我們失去了決心。當我們陷入這樣的心理狀態，必須找回自己最初的感動和所下過的決心，告訴自己：「是的，我可以做到的，我會帶領自己走過這條路，因為我身上也具有到達目標的潛力！」當然，我們同時可以仰賴佛陀的智慧與慈悲，依靠佛法的功效，以及善知識的支持與幫助，兩者並不相違。但究竟來說，自己的自由與解脫，還是需要自己的努力。我們必須自己打開門鎖，走出去，才能到達目的地。

不管你的心感覺上多麼死氣沉沉，多麼狂野或多麼瘋癲，請相信，你並不是一個無可救藥的案例。要如何讓自己生起這樣的信賴感？佛法之道所用的方式就是「心的修練」，修練自心是讓自己了悟到「這條路的確會到達自由與解脫」的方法。不管是在律己、禪修，或者智慧的各種訓練中，每一種訓練都會幫助你更加瞭解「成因」與「效果」之間的關係，並且獲取更多破除習性所需的知識與技巧。當我們在生活中注入更高的覺察力與覺性（awareness），便逐漸在自己與心之間建立起溝通的橋梁，而那是過去我們從未體驗到的。我們會更加貼近、更加熟悉，也更加明白心的本性，結果就是和這曾經是陌生人的「心」交上了朋友。

當你和心之間的關係是建立在信賴的基礎上，而不是無明、恐懼和絕望之上，你的心就會變得平靜、清明與開放，於是，任何你想要完成的目標，它都會助你一臂之力。

「覺察」是個好幫手

在任何訓練之中，我們都必須清楚明白地專注在當下，「身心分離」是不行的。所以首先要學習的幾件事情之一，就是覺察力的練習，也就是練習讓自己全心活在當下這一刻，每次一發現「心飄走了」，就把它帶回到當下。

所以這裡有兩個主角，一個是專注在當下的「覺性」，另一個是發現心不在當下，於是把它帶回來的「覺察力」。如果我們希望能活在當下，能夠專注覺知此刻清新鮮活的體驗，那麼我們既需要「覺察」，也要有「覺性」。

「把心帶回當下」這個動作，是一種自律的行為。心的習慣是跑來跑去，不斷的移動，從現在跑到過去，從過去跑到未來，然後又跑回去。現在我們要讓這習慣暫停，這有點像是上課鈴響，老師叫大家統統坐好，一時之間，混亂平息，出現一時片刻珍貴的安靜、單純和專注。心就像小孩子一樣，很難叫它一直坐著不動，它很快就靜不下來，開始煩躁不安。每個當老師的都知道一件事，就是小孩在座位上像蟲子一樣動個不停的時候，是沒辦法學到東西的。同樣的，我們要修練自心的時候，必須提醒自己專注於當下。

我們所有的修行都要依靠這兩個練習：覺察與覺性。覺性是我們活在當下時的覺知力；覺察的意思則是「想起」或「別忘記」，別忘記看著自己的心，當心跑掉的時候，要能夠發現。一旦發現心跑掉，心就已經回來了。沒有覺察力，我們就會迷失在綿延不絕的心念之流中，而我們的覺性就會像是在大森林裡迷路的孩子。

在「覺性」與「覺察」兩者之中，通常我們會比較強調「覺察」，因為讓「覺性」維持相續不斷是「覺察」的責任。覺察意味著「一再一再的想起」，它有一種一再重複的特質，而我們所有習性，不管是正面或負面的習性，也正是由一再重複所養成的，所以透過覺察回到當下的練習，可以讓我們養成一個正面的習性，而它將有力量轉化所有負面習性。

當我們有覺察力的時候，事物的遷流變化都歷歷在目。我們有一種覺性相續不斷的感覺，對於當下的一切有一種完全的體驗。平常我們看東西的時候，並沒有完全在看，也沒有清楚在看，總是被念頭、概念和各種讓人分心的事物所打斷。這就是為什麼很少有人是「完美的證人」，就算一件搶案發生在我們面前，警察來問話時我們還是支支吾吾：「是的，事情經過我都看到了，可是，嗯，我不太記得了。」到底槍在誰手上，總共開了幾槍，我們都說不準。就算是鮮明的大事，在我們的記憶中也常是模糊不清。然而，當我們活在當下，保持著覺察不被分心時，眼底所注視的一切將毫無遺漏。

「覺察」與「覺性」攜手時，會產生一種精確又清楚的專注感，你很清楚自己有什麼念頭，很清楚自己看到什麼，聽到什麼，感覺到什麼。眼前這一刻所見的事物，你都精確的知道是怎麼一回事，你將會有一種超越言語的良好準確度。

這麼說好了：我們的心像是一棟房子，覺察力就像是屋主。因為我們不希望有人偷闖進來，或是有不速之客，所以我們把所有的門窗都鎖上，這麼一來，除非我們准許，否則沒有人進得來，不再有不請自來的事情發生。這就是「覺察」的作用：注意看著，看看有誰要進到心裡來。如果是個憤怒的念頭要進來，除非我們開門，否則它是進不來的。我們的目的並不是要把一切都擋在門外，而是要對周遭所發生的一切保持著覺知，這樣我們才能做出適當的反應，當憤怒的念頭來的時候，我們可以打開大門，傾聽它說話，然後請它離開。我們心裡知道它只是一個念頭，不會把它錯認為是自我。這是重點，我們的體驗將因此截然不同。我們不再這麼想：「我真是快被氣死了。」而是「哦，看，一個生氣的念頭剛剛進到心中。」當念頭只是一個來到心中的客人時，很容易就可以再讓它走；但如果對那客人產生認同感，那就難了，一旦覺得自己就是它，那要請誰離開呢？

不管我們身在何處，正在做什麼，都可以做「覺察」的練習。所有身、語、意的訓練中，「覺察」都是不可或缺的要點。無論是走在街上、坐著禪修，或是讀書的時候，「覺察」的練習都是我們最好的朋友，也是我們修道上最好的幫手。它是叛逆之佛的號角，也是無明的喪鐘。

第7章

三種訓練

我們就像是長久以來一直視力不良的人，
經過一場小手術，矯正了眼睛的缺陷一般，忽然間獲得了完美的視力，
萬事萬物看起來都像水晶般清晰澄澈，沒有任何模糊的雜質和扭曲。
而矯正我們視力的「小手術」，就是「智慧」的訓練。

佛法之道上用來訓練心的各種方法，都是要在那些讓人痛苦的黑暗、煩惱與絕望心境之中，注入光明、寧靜與信心。而這「心的訓練」可分為三部分：自律、禪修以及智慧。

當你已經瞭解「修行」的意義，對於所要修練的對象也有所瞭解，也同意在修行的過程中盡量專注在當下，那麼就可以展開這三種訓練了。每一種訓練都能幫助你覺醒，以獲得個人的自由解脫。

1自律：清涼起來，平靜下來

自律，並不是說要把一個壞孩子變成好孩子的意思。並不是要拎著棒子體罰我們的心，或是揮著鞭子要心臣服，也不是一種要剝奪我們生活中的刺激與樂趣的手段。

就像情緒（emotion）這個字一樣，自律（discipline，紀律，即佛教術語所說的「戒律」）這個字在佛法中有幾種不同的意義，與英文慣用的字面意思有所不同。首先，它有一種「清涼起來」的意思，就像是盛夏炎熱的午後走在街上，正熱到不行的時候，忽然出現一片樹蔭讓你得以休息，讓你鬆了一口氣，可以坐在涼爽的樹蔭下，覺得好開心，覺得平靜下來，心裡有一種祥和寧靜。練習「自律」所得到的成果，就像是這樣，它解除了由於陷入日常習性所感受的極度苦惱，讓我們鬆一口氣。

自律還有另外一層意思，就是「做自己的主人」或「凡事靠自己」，意思是不用像小時候那樣，凡事都要別人告訴你怎麼做。年輕的時候，我們身邊會有很多權威人士，父母、老師、訓導主任……告訴我們該做什麼，我們學會一大堆在家裡、學校、公共場所如何循規蹈矩的規則，然而一旦走過這個過程，我們會發現自己有能力做自己的指導者，這真是個天大的好消息。同樣的，到達了修行的某個階段，我們將會有能力評估自己的行為，糾正自己的錯誤。

究竟來說，每個人都是自己的最佳評審和最好顧問，因為我們比任何人都清楚自己的習性。依賴老師的指導總是會有個問題，就是我們在老師面前才會表現出最好的一面。最擅於此道的人有辦法在老師面前完全變成另一個人，走出門又是另一個人。這麼一來老師怎麼給你真正的指導呢？有時候學生還會因為怕老師而勉強守規矩，或者在害怕觸怒老師的恐懼下，模仿著優秀的行為。然而，自律的修練不應該是建立在任何恐懼的心念之上的，因為那就不是真正的自律了。真正的自律應該來自真心想要得到自由的渴望。

覺察力的善行

某方面看來，「自律」的練習代表以道德行事：某些行為應要避免，某些行為多多益善。這樣看來，我們可能會覺得「自律」就只是要我們「守規矩」、「多忍耐」，然而這個練習主要的用意，是要我們察覺到自己的所作所為，能夠清楚的看到自己在做什麼，同時有能力分辨出哪些是有害的，哪些是有益的。留心覺察著自己的行為，留意著不去傷害別人或傷害自己，這就是一顆「自律的心」的正字標記。這也意味著我們要重新檢視自己對於何謂「善行」，何謂「惡行」的設定。有些行為在某些文化背景中是正當的，在其他地方卻是惡劣的。自律並不只是遵照一套規則行事，它超越了照章行事。它需要真正的洞察力、感同身受與真誠。而且，記得，它是你自己的事，是你要為自己培養紀律，並往自由之道走去。

成為一個自律的人，代表不斷地培養「覺察力」與「覺性」，因而能清楚而精確的觀察自己的行為。能夠自律表示能夠綜觀全局，能夠看到自己的念頭，看到念頭的動機和意圖為何，也看到這些意圖如何萌芽茁壯，然後在語言及行為中表現出來，最後，也看到了這些行為對自己、對別人、對環境的影響。在整個過程中，如果我們保持覺察力與覺性，就會擁有更多的自由，我們不再受限於不斷重複習性的慣性模式中，盲目地做出一些自以為理所當然的事。當內心澎湃洶湧時，我們可以選擇一吐為快，也可以選擇讓自己先暫停一下，冷靜下來。這是叛逆之佛現身的時刻，就在我們差一點又要重蹈覆轍的最後一刻，有人跳到面前把我們推開，以免掉入災難的漩渦。這就是你那本來的智慧、覺醒的心，它採取行動了。剛開始我們要小心翼翼才能避開習性的陷阱，到後來，叛逆之佛會變得非常迅速而精確，這時我們就輕鬆了，就算在熊熊燃燒的強烈情緒之下，我們也能放鬆。

不過只試一次是不夠的，只練習一次「覺察力」與「自律」，然後就說：「我試過啦，沒有用。」這樣是不夠的。這件事需要時間，我們必須重複地練習，然後有一天將會感受到轉化的力量，不管實際做事情的方法有沒有改變，你都會感覺到自己對這做法的反應改變了。例如，假使你習慣在工作場合大吼大叫，就算以後依然如此，但是你吼叫的心境也許已經有相當大的不同。

掙脫習性的魔爪

佛陀曾經講述「十善行」，也就是十種有助於個人成長與社會和諧的正面行為，其中包括三種「身體」的行為，四種「言語」的行為，以及三種「心意」的行為。佛陀更進一步說，如果我們能把「覺察」與「覺性」注入所有「身」、「語」、「意」的行為中，那麼更棒的事情就會發生了——我們將會有能力掙脫習性的魔爪。每當我們發現自己又在重複那一套戲碼，在認出這點的當下，習性的衝力就被瓦解了。如果我們能覺知到自己的習慣模式，每當某種習慣再度出現時，例如在憤怒之下採取的某種慣性反應，將會與從前大不相同，因為它的力道與堅實性都已不同。當我們把習性的掌控力鬆解開來，就會生起更多寧靜、清澈、正面的心境。相反地，若是粗心大意的放縱於這些習性中，只會讓習性把我們抓得更緊。

「十善行」能幫助我們以慈愛與覺醒的方式生活。所謂的「十善行」，也就是不去做十種「不應做的事」。「身」的善行代表我們知道，一般來說，以下三種行為是有害的：殺害別的生命、偷盜以及不適當的性行為。「語」的方面，我們知道這四種行為通常是有害的：說謊、挑撥毀謗、粗暴的言語以及無義的說長道短。「心」的方面，我們瞭解到惡意、嫉妒、記恨與「不相信因果」的錯誤信念，會造成傷害。最後這一項「不信因果」被認為是最嚴重的問題，因為，如果我們不相信一個負面的行為會導致負面的結果，那麼我們可能會以為就算殺生、說謊、心中帶著恨意，仍然能過著自在、快樂與榮耀的生活。這是一種典型的迷惑。

只要看看我們在日常行為中體驗到的內心感受，就可以知道其中的原理。當我們從事正面的行為，例如對需要幫助的朋友伸出援手，以友善的言語對待陌生人，或者單純只是以愛與慈悲的心意想起某人，都能在心中造成較為祥和寧靜的影響，我們會感覺到比較放鬆、心胸開朗、心志澄澈。相反地，如果我們做出負面的行為，例如，和同伴爭吵，偷拿公司的東西，或者貪圖鄰居的財物，這時我們的心就會變得較為焦慮、緊張，心事重重。換句話說，我們的任何舉動，不管只是想法層面，還是已經表現在言語和肢體行為上，都會對於我們的心造成某種影響。

很明顯的，當我們身處在一個助長負面習性的環境中時，就會比較難以擺脫這個習性，所以，檢查看看周遭的環境，看看家中、左鄰右舍以及工作場所有著什麼樣的文化，是很有幫助的。如果本身就有言語粗暴的傾向，一旦身邊圍繞了一群競爭心與嫉妒心強烈的人，言語粗暴的習性就會火上添油。假使本身對於金錢有不誠實的傾向，有意無意間偷斤減兩，或者報稅不實，剛好又身處在一間鼓勵這種行為的公司的話，這種習性只會更加猛烈。又如果我們是在一個充滿暴力與脅迫的氣氛中長大，就算本性並非如此，我們還是可能做出欺壓別人的舉動。

事實上，我們這裡所說的自律與善行，只是在談如何把那些「最後註定會害到自己」的老習慣，換成比較有建設性的新習慣。我們目前的所作所為，都是由許多原因所造成的，除了習性的因素和外在環境影響以外，讓我們做出這一切行為的最根本的原因是心的「無明」，那渾然不覺，也不想醒覺的無明。但是一開始，我們無法直接對治這「無明」，甚至無法看見它，於是我們從「行為」著手，先對行為保持著覺察力，把覺性之光由外往內帶進心中，最後，就算是在最深最深的心底，光芒還是會持續不斷的閃耀。

超越「可以」與「不可以」

每個人都應該找到自己的方式，在生活中創造出一個可以專注於個人解脫之道的空間。有些人會選擇離群索居，不管是真正「離群」，或只是在人群中「隱居」，他們會掛出「私有領域，非請勿入」的牌子，我們不能跟他們說話或接觸，否則他們會靜悄悄從你身邊溜走。當然，我們沒必要做到這個地步，但是每個人都應該找到某種內在的僻靜隱居處，一個不受打擾的空間，這是很重要的，在那裡我們可以專心面對自己的問題，找尋自己內在的火花，點燃繼續前進的動力與熱情。重要的是，不要把這件事弄得太過於冠冕堂皇，好像突然間非得脫離一切不可，這是不可能的。

我們可以試著讓自己從任何時刻的情緒波瀾中解脫，也可以只針對某一個特定的習性下手。我的一位老師曾經告訴過我：「先從最容易的下手，從心中偏執程度最低的元素開始，解脫它，接著對付下一個，立定決心用全副心力來解脫它。」這真是個好建議，這麼一來我們就可以一點一滴的「蒐集」自由，就像把一小片、一小片的披薩拼湊起來，最後拼成一個大披薩，這時我們會發現自己已經從所有的習性、所有痛苦的成因中得到了自由與解脫。但反過來說，如果你想要「蒐集」的是負面的行為，也並無不可，最後你將會擁有一大堆的迷惑與痛苦，假如你真想這麼做，那也是你的選擇。

再次提醒您，別把這練習當成一套「什麼可以做，什麼不能做」的法令條文，它並不是一篇道德教條，非得全盤遵守才夠資格當一個佛教徒。我們要記得的是：自己做這一切是為了什麼？我們的目的是要覺醒，如果只是強迫自己照章行事，跟遵守政府法令有什麼兩樣？據說美國某一州有一條法律，規定該州居民在死前兩週要先申請死亡證明（才可以死）。當我們太在意法令與規定，不再相信自己的智慧，就會發生這種荒謬的事情。

2 禪修：與心相處的時光

禪修可以為忙碌不安的心帶來安定、平靜與清明。沒有禪修的奧援，想要在「自律」的練習中獲得成功，會是一件相當困難的事。想要對自己的行為明察秋毫，需要一顆專注、平靜、穩定的心。禪修的練習，讓我們有能力進行「自律」的訓練。

但禪修的時候到底是在做什麼呢？

禪修的方法有許多種，最主要的練習方式可分為兩種：「止」的禪修（shamatha），也就是靜定、安住的禪修練習。「觀」的禪修（vipashyana），也就是清楚觀照、洞悉的禪修練習。

「止」的禪修有時又稱為「安住」式的禪修（resting meditation），或者簡稱為「靜坐」（sitting meditation），在此我們使用「靜坐」這個名詞。說是靜坐，還滿名符其實的，因為在這練習中其實並沒有太多事可做，只是靜靜坐著，看著心。一旦我們學會讓心平靜、穩定之後，就可以練習「觀」了，觀的練習會為我們帶來深刻的領悟，直接洞見心的本質。當我們的心還很容易四散紛飛、煩惱不安的時候，「觀」便不容易起作用。至於詳細的禪修方法，請參考附錄一的介紹。

不管使用哪一種禪修方法，都是為了瞭解心。禪修並不是要去「修」一個什麼東西，也不是要躲到自心以外的一個快樂的地方去。相反地，禪修真正的意義有點像是去習慣和「心」相處。先前我們曾提到自己對心有多麼不熟悉，心就像一個住得很近的陌生人，現在我們就是要試著和它改善關係。

通常當我們想要深入瞭解一個人，會找一個好地方請他喝茶，或找一間不錯的咖啡館，有安靜的空間，舒適的座椅，然後兩人點杯飲料，一起坐下來。剛開始也許只是簡單的寒暄，隨著彼此逐漸熟稔、自在起來，一種坦誠與開放的交流形成了，這位新朋友開始訴說他的人生，你對他的瞭解逐漸加深，漸漸的，你開始感覺熟悉這個人，以及他的種種遭遇，覺得和他之間產生某種聯繫感與感同身受的感覺。之後會輪到你分享自己的人生經驗，但是做為一個好朋友，首先必須懂得聆聽，你不能心不在焉，必須專注於此，聽聽新朋友要說些什麼。如果你總是插嘴打斷，自顧自說著自己的事，那永遠不會有好的交流，無法達到認識彼此的目的。這場談話到了某個階段，你會發現，不管這位新朋友有什麼樣的憂愁與迷惘，你都在它的迷惑中見到了某種真正的美好與良善。

透過禪修來認識自己的心就很像是這樣。你想要更深入的認識自己的心，於是安排了一段時間和心聚一聚。你定下了約會，然後找個安靜的地方，讓自己可以舒服地坐下來，和這位叫做「我的心」的新朋友相處一會兒。這時候，你的靜坐練習就像是一間咖啡廳，一個和朋友見面的地方，這裡有舒服的禪修座墊可以坐下來，和心面對面，彼此相視，接著你的心就會開始閒聊起來，事實上應該說是喋喋不休，因為一開始時它還真是停不下來。你只要當一個好聽眾就行了，心會繼續不斷說下去，告訴你所有過去發生過的事，還有未來可能會發生的事。不管它說什麼，不管是智慧名言還是一派胡言，是真理實相還是天方夜譚，你只要聽著就行了。

只要坐在那裡，靜靜傾聽，最後你就會知道自己的心究竟是怎麼了。你會知道它的問題出在哪裡，知道該給它什麼切中要害的建議。但如果太快下定論，你所提供的建議不會有什麼效果，等你聽完整個故事，瞭解來龍去脈以後，你才能為「心」指引出一個有建設性、有幫助的方向，讓它減輕憂苦，平復情緒的波瀾。

然而知道怎麼樣幫助它是一回事，它肯不肯和你合作又是另一回事。這就是為什麼和心打好關係是這麼的重要。假如我們在街上看到不認識的人做一些傻事，忍不住出聲制止說：「喂，住手！你在做什麼！」你覺得他會聽我們的嗎？應該不會吧。但如果一位我們認識的朋友，聽到我們喊：「嗨，朋友，請不要這麼做。」他比較可能聽你的勸告，盡可能克制他自己的舉動。相同的道理，心也是一樣。如果心是個陌生人，我們時或不時看到它做一些不好的事，想要制止它，它不會聽你的話的。但倘若你和心之間已經建立起友誼，成為好朋友，心會變得好溝通得多，講理得多，也更願意聽你的意見做出改變。基於你們之間過往的好交情，心會願意聽你的。

就像是交朋友一樣，當我們和心之間發展出一種真摯、坦誠、開放的友誼時，我們會發現不管發生什麼事，不管有多少焦慮、不安和起伏的情緒，在心中總有一種無法抹滅的正面素質，一種良善的、慈愛的、正直的、智慧的素質，在心的各式各樣迷惑中，自始至終都明顯可見，甚至比心的缺點更耀眼。

3 智慧：清晰的觀照

著名的哲學家與現代科學方法論始祖法蘭西斯．培根（Francis Bacon）曾說：「知識就是力量」，力量即是一種巨大的能力、威力、權力，足以讓我們完成目標，力量可以用在許多方面，可以用來控制別人、改變體制，甚至影響政府，但我們也可以把力量用來改變自己，就這一點我們可以說：心靈的知識，就是心的力量。在佛法的道路上，取得知識的方法有三種：聽聞（study 或研讀）、思維（contemplation）和禪修（meditation）。

首先，我們聽到或讀到了一些學問，接著透過思維，將它內化為個人的知識，接著我們超越它，到達一個全新的知識領域，一個不需任何外在參考點的領域。這就是佛法之道的原理。開始時我們手上有一張地圖，我們要先學會看地圖，接著我們上路了，但還是得依靠地圖來指引方向，最後我們會發現，自己不再需要看地圖了——地圖已經在我們心裡，這時不管看著地圖或前方的道路，我們都有一種不可動搖的自信，地圖已經融入風景之中。這樣的知識已經可以說是一種「智慧」了。

「智慧」聽起來好像是一種要在「心靈學府」裡讀到很高的學歷，才會得到的東西，而為了追求它，似乎我們得拋下日常生活中的現實問題，跳進一座高高的象牙塔裡才行。聽起來滿有趣，不過事實剛好相反，正是日常中的種種細節和現實問題，才造就「智慧」的可能性。要獲得這種智慧，我們需要格外清晰地觀照日常生活中的細節。

這裡所說的智慧有兩種含義，第一，它是一種觀看的方式，第二，它也是你所見到的東西。所謂「觀看的方式」，意思是說這是一種清晰的觀看，或者說，是用一種比平常看得更清楚的方式去觀看世界，比過往所見都更深入、更深刻。而當我們能夠清楚觀看時，所見到的是事物的真實面貌——看著自己時，我們見到的是「無我」；看著世界時，我們見到的是「空性」。我們就像是長久以來一直視力不良的人，經過了一場小手術，矯正了眼睛的缺陷一般，忽然間獲得了完美的視力，萬事萬物看起來都像水晶般清晰澄澈，沒有任何模糊的雜質，也沒有任何扭曲。而矯正我們視力的「小手術」，就是「智慧」的訓練，一種掃除心中迷惑的訓練。根本上來說，這是一種訓練自己本來就有的心智，讓它更強化、更敏銳的過程，最後到達光輝澄明的地步，而當它能夠完全照亮你的心時，無明的黑暗就被掃除了。

在那一刻，觀看的心智與所見的對境合而為一，融入自覺智慧的體驗中，這自覺的智慧就是「佛」，覺醒的心，自由解脫的心。而在那一刻之前閃過心頭的領悟，則是我們的心智，那叛逆的佛心在作用著。剛開始時，心智的責任只是看守好習性，當習性冒出來時能夠守住陣線。這是叛逆之佛的第一個任務，那時它在這場賽事中採取的是守勢，力保我們能保持清醒，不失分。它在球場的邊線上來回注意觀察著，時或不時進場插手干預。但之後它漸漸採取主動，越來越勇敢，不斷尋找機會要把我們喚醒；它大步向前迎戰習性，站在迷惑的敵軍之中高揮覺醒的旗幟。而造成局勢逆轉的原因就在於智慧的訓練，智慧為叛逆之佛（也就是內在本有的智慧）注入力量，讓它擁有完整的能力，帶我們走向自由。

生起智慧，或者說，生起實相本性的直接領悟，所使用的禪修方式是「分析式禪修」。「分析式禪修」是一種概念式的禪修方式，它使用邏輯與推理來探索、解析我們的人生經驗，例如，向自己提出一些問題，來審視我們對於「自我」的預設概念：「如果真的有一個『我』存在的話，它是什麼？存在於何處？『我』是身體還是心呢？在出生以前，我存在嗎？如果出生前沒有我，那我怎麼會從一無所有中冒出來呢？如果出生前就有我，本來就有的東西怎麼能說是『被生出來』呢？」透過這樣檢視與分析的過程，分析式禪修可以凸顯出我們的想法是多麼迷惑，同時讓我們的心智更敏銳。

關於這方面的實際禪修指引，請參考書後的附錄一。

事實上，我們其實一直都在訓練自己的智慧，從我們向自己提出第一個疑問開始，就已經展開淨化迷惑的過程，當我們不斷地反思自己的孤獨、不滿與痛苦時，正是生起智慧的過程。在這趟旅程中我們一直都在訓練叛逆的佛心，讓它利用任何敞開心的機會，任何清明的瞬間，去撥開纏繞我們的迷惑，去切斷綑綁我們的無明繩索。

智慧將會打開心的大門

在生起智慧的練習過程中，最重要的是不要讓自己變成裝了一大堆知識的書袋，或任何哲學派別的信仰者，重點是要在自己的生活方式中清楚看出什麼是真實的，什麼是虛幻的，意思就是：我們要明瞭因果之間的關係，也要看到因果如何在我們生活中產生作用。我們發現痛苦只是某種原「因」所帶來的必然結「果」，而這個原因，追根究柢，就是「我執」。我們也發現快樂是某些原「因」所帶來的結「果」，而這個原因，追根究柢，就是「超越了我執」。

當我們發現這個道理，真正明白了它的意義，這時候，它會對我們產生巨大的撞擊、帶來深刻的影響，它會把我們喚醒，把我們的自律與禪修帶入更高的境界。當我們還不是那麼理解因果關係時，修行一陣子以後可能就厭倦了，開始懷疑自己所做的這一切到底有何用處。每當不愉快的遭遇降臨，我們會抱怨說：「為什麼偏偏是我遇到這種事？」我們甚至忘了自己身處於因緣所交織的廣大網絡中。當我們不瞭解或忘了因果的法則時，就會有這樣的疑惑。因果法則不是記載在書頁裡的幾行定理，也不是老師口中冠冕堂皇的話語，它是活跳跳的人生，是我們每天生活裡就會發生的事，而且是一件事態緊急的事。因為人生短暫，如果我們不把握眼前的每一個機會，不利用眼前的這個片刻來觀察、來瞭解、來覺醒、來解脫……那也許就再也沒有機會了。

通常我們不會質疑自己的迷惑，而是跟著它隨波逐流。但現在我們要找回自己追根究柢的精神，去深入探究那些我們一直以為理所當然的事，這麼做的結果是智慧將會打開心的大門，讓心的視野得以飛越已知的界線。我們開展自己的心智能力，並不是為了見多識廣，而比較像在燈座上裝一顆大燈泡，讓整個房間瞬間亮了起來，房裡本來看不清楚的東西，現在都可以看得一清二楚了。

隨著我們一路前進，每一個我們得到的領悟，都是進一步開展智慧的基石，踩著這些基石，讓我們得以進入更深的未知領域。如果當我們第一次「啊哈」一聲略有所悟時，就心想：「我懂了，不就是這麼一回事嗎。」那就不會有更多進展了。如果美國早期的拓荒者也抱著這樣的心態的話，現在美國國土可能不會超過密西西比河。所以，讓我們保持好奇，繼續尋找。從古至今，所有科學家最深奧的發現，都一直被新的研究所修正，例如愛因斯坦的相對論，日後也被探索「多維實相」的科學家所重新檢視、修正一般。

解脫之道由此開始

以上所介紹的，就是自律、禪修與智慧的三種訓練，它們能把總是帶來麻煩和痛苦的自心，轉化為更有用的工具，成為一艘將我們載往個人解脫之境的船筏。也許你會發覺，這條道路的起點非常的「自我中心」，這是絕對必要的，我們必須把注意力放在自己身上，察覺自己的痛苦，找出自己對付迷惑的方法，生起自己對於解脫的願景，而在邁向目標的途中，也必須自己做出決策。這有點像是企業界的做法，一家公司最關心的必定是自己的利潤。當然，其他人或許連帶會得到利益，但別人得到多少並不是這家公司最急迫的考量，相反地，一家營運得當的公司，目標是建立起健全的財務與豐沛的資源、提升市場佔有率，並從中取得最大利益。解脫之道也是這樣開始的，要務實，要實際，注意每個細節，而且清楚知道自己正前往何方。

第8章

關於「我」的故事

在我們說給自己聽的所有故事中，
最棒的一個，同時也是我們最愛聽的一個故事，
就是「我是一個什麼樣的人」。

在生起智慧的過程中，首先我們學習到的是「相對的真理」（relative truth，世俗諦），接著我們要瞭解的就是更深的「究竟的真理」（ultimate truthe，勝義諦），也就是心的真實本性：無我。

我們必須知道所有的痛苦，所有的迷惑，追根究柢，其根源都來自於「我執」，一種「自我」的重要感。就是這個「我」，這個閃現在心中的「我」，這個個人小宇宙的中心點，一直讓我們受苦，這就是根本的原因，除此無他。我們的一切所作所為都出自於「我」，也都反映出這個「我」的感覺。「我」是二元分裂最開始的那一點，把原本自然合一的世界分裂成兩半。

「我」的感受，在它的最底層，其實是一種恐懼與不確定感。知道這一點也是很重要的。為什麼會是一種恐懼與不確定感呢？因為「自我」的感覺並不是只生起一次，例如從出生開始生起「自我」感，然後一直不間斷的持續到老。並非如此。它是一再一再生起的，「我」的感覺出現時，只持續了一下子，接著就消失了。接下來的一段時間裡，我們並未認出自己的覺性，只體驗到一種昏暗的心境，那是一種茫然無知的感覺，令我們恐懼。一時半刻之中，我們並不清楚自己是誰，我們沒有焦點，也沒有方向，接著，在這無明的狀態中，「自我」的概念很快的再次生起了，而有了「我」，「他」的概念也出現了。

自他之間

「我」與「他」之間的界線到底如何界定？這個問題，「自我」大概永遠沒辦法回答得清楚，因為「自我」總是那麼的不確定，一直都在改變。由於「我」瞬間生起又瞬間消失，它的本質自然就是執著於想要「存在」。每一次「我」冒出來的時候，它就隨之創造出一整個「我的世界」，一個由它的力量與影響力所管轄的領土。在這塊疆土的周圍是一堵高牆，一道儼然不容置疑的邊界。自我就得意地坐在正中央，時時戒備著，守望著，卻同時也迷迷糊糊，摸不著頭緒。所有它覺得是「我的」的東西都圍繞在它身邊，我的身體、我的想法、我的情緒、我的價值觀、我的房子、我的家庭、我的朋友、我的財產。而「他人」則被擺在外面。終於，自我的世界完整了，平衡了，但是只要一眨眼的功夫，一切又瓦解了，然後下一瞬間，一切又都回來了。

聽到這樣的事情，你的想法是什麼呢？真是個奇怪的故事，不是嗎？簡直像童話故事一樣。問題是，這故事是真的嗎？這得要你自己去找出答案。當別人告訴你一件難以理解的事，或是與你本來的認知截然不同的事，別就這樣相信它。不只佛陀這樣建議，你媽媽應該也是這麼說。誰都不想被利用，被愚弄，或甚至只是浪費時間在上面。任何用權威的語氣說出來的話，聽起來也許擲地有聲，但是說話的人有可能自己也不知道自己在說什麼。這種事可多著呢，事實上只要打開電視新聞頻道就看得到。

不過，不只是別人說的故事會迷惑你，我們也可能被自己告訴自己的故事給騙了。在我們說給自己聽的所有故事中，最棒的一個，同時也是我們最愛聽的一個故事，就是「我是一個什麼樣的人」。不過這些故事可不是荒唐無稽的，就像童話故事一樣，其中充滿了冒險情節、奇特的角色、各種象徵與含義，而且還有真理。不過其中的意義我們必須自己去發掘，否則這些故事只不過又是另一種娛樂罷了。

「分析式禪修」是一種把「自我的故事」拆解開來觀察的方法。這是一種「觀」的禪修，因為我們一邊進行分析，一邊深入觀察。這種禪修使用邏輯與推理來檢視自己的想法，揭開我們對自己和世界先入為主的認定，那是一些我們可能從未仔細檢視過的認定。

進行這些分析的原因，和分析的過程一樣重要，如果我們忘了這樣的練習目的為何，最後可能變成只是在做頭腦體操。在分析式的禪修中，我們的目的是要找出造成痛苦的原因，看看它的真面目，以便我們按下還原鍵（undo），刪除它。

「空性」的禪修

傳統的分析式禪修中有許多邏輯推理，讓我們得以深刻地分析「自我」以及各種讓我們相信有我的概念，所得到的結果就是從這些概念中得到解脫，從這些由迷惑的思考方式產生的概念中解脫，最終我們會發現，原來「我真實存在」的想法，是這麼的不理性，簡直不可理喻。

當我們深深地「觀照」自心與自身，遍尋不著自我的存在，到達某個階段時，將會體驗到一種「空白的間隙」。本來，我們一直認定有一個恆常不變、獨立的「我」，現在卻怎麼找也找不到，在這個當下，一切想法都暫停了。這時，我們可以讓心在這完全開放廣大的片刻中「休息」一會兒[1]。這開放廣大的體驗，我們稱之為「無概念的覺性」。這是發現「無我」的開始。以此方式，我們輪流使用「分析式禪修」與「安住式禪修」，繼續練習。

最後，我們將能直接讓心休憩在這純然開闊的體驗中，而不再需要經過前面的分析式禪修，這時我們才真正算是開始禪修「無我」了，為什麼呢？因為我們開始讓心安住在

1 「休息」一會兒：以佛法術語來說即是「安住」一會兒。

「我」已經不見蹤影的覺性之中。當我們沒有念頭的時候，「我」到哪裡去了呢？

這無二元的覺性其實一直都在，只是我們不容易見到它，總是一再錯過它。現在透過「觀」的禪修（clear seeing meditation，清楚觀照的禪修），我們得到了洞見與領悟，也就是所謂的「勝觀」（superior insight），讓我們能超越以前的視野，見到以前見不到的事物。以前我們只見到「我執」，現在我們見到了「無我」。

佛陀在「無我」的教導中要讓我們看到的是：在「人生」這遷流不息的經驗中，我們總是錯以為其中有堅實存在的東西。我們把心目中的「自己」當成一種恆常的，歷久不變的形體，獨立於外在的因緣之外。我們也認為圍繞自己的周遭世界，也同樣堅固實在地存在著。然而，當我們仔細觀察，不管是自己，或大大小小的事物，或生命中的各種景況，都找不到符合上述條件的事物，只找到變化、改變、轉換。當我們以這樣的洞見來看待這個世界，我們看見這個世界煥發著嶄新的光彩。我們發現這個世界也是不斷變化著，並沒有一個堅固、實在的核心。它也是開放、廣大、無我的。這是對於「空性」——自心與世界的究竟真實本性——的真實一瞥。

把「空性」看得平常些

當我們說起「無我」和「空性」，總是習慣把它哲學化，視為一種非常重要又深奧無比，因此顯得遙不可及的事情。也就是說，我們把近在眼前的東西，當做遠在天邊的概念。我們想起古代故事裡那些飛過天邊或是穿牆而過的瑜伽士，再看看自己是這麼執迷不悟，就覺得兩者之間實在天差地遠。問題就在於我們把「了悟空性」與「有超能力的特殊人士」畫上等號；其實只要稍微調整一下觀點，「空性」也可以成為我們旅程裡的風景。

把「空性」看得平常些，用我們平常對待萬事萬物的方法看待它。瞭解空性的方法和瞭解之前我們所分析的任何概念，沒有什麼不同，就像之前我們認識人生的痛苦和無常一樣，要認識「空性」，就要多陪陪它，和它多相處，從多方面觀察它，讓它跟你說話。一旦它開口了，別只是聽，也要用感覺，它會成為你個人親身的體驗。當你看著書本，運用書上那些對空性的推理和分析技巧時，你就是在禪修空性；然而，如果你不去親自分析空性，只是相信「專家」的說法，那麼空性就不會成為你個人的親身體驗，而只是難懂且無法體會的一件事。

另外，當你進行分析時，不管分析什麼，都要像嚼口香糖一樣，一直嚼一直嚼，直到嚼出它全部的味道為止。同樣的，每當我們多花一點時間去觀察、審視眼前此刻的遭遇，就會多嘗到一點體驗。當我們進行空性的分析時，不要只是想著空性本身，要向自己提問，例如：「此時此刻，『自我』在哪裡？現在靠著椅背的這個感覺就是『我』嗎？現在浮現腦海的這個念頭就是『我』嗎？」一步一步來，檢驗每一個你經驗到的念頭、感覺、情緒，直到你真的見到其中無我的本質。以這樣的方式，你就可以嘗到空性的滋味。

「嘗到滋味」是很重要的，因為這能夠帶給我們一種鼓舞，消除我們對空性的抗拒心，澄清我們對空性的誤解。

「空」是一種圓滿與自由

先前我們曾經提到，佛法中所說的「空」，與我們對這個字的一般瞭解有所不同。之所以再次提起這一點，是因為我們必須經過一段時間的練習，並由此得到一些體驗之後，才會對「空性」的概念有一些正面的認識；在此之前，當我們只能用理智去揣摩這個字眼時，「空」聽起來就好像是一無所有，彷彿是一種完全空虛、匱乏的狀態，而這是完全不符合事實的看法。帶著這樣的想法禪修，恐懼可能會滲進我們的禪修之中，無法幫助我們放下執著，而我們必須放下執著才能體驗到這個字真正的意義。在英文中沒有一個單字能傳達出空性的體驗，但起碼我們可以先以正面的概念，取代負面的概念。

「空性」與「無我」這樣的說法，所要傳達的其實是一種「圓滿」、「完整」的感覺，那實際上是一種開闊、廣大的體驗。所以，所謂的「空」，並不是像個空茶杯或空房間，或者更慘一點，像個空錢包那樣。不，事實上，真正體驗到「空」的時候，那是一種很棒的感受，焦慮與沮喪不見了，頓時之間我們感受到全然的自在。就好像有人把緊緊綑綁著你的繩索割斷一樣，突然之間再也沒有什麼束縛著你，那真是美好的感覺，如此輕鬆，如此快樂。我們曾經被我執綑綁了那麼久，現在我們把那條繩索割斷了，感受到一種自由、解脫的全然喜悅。所以，所謂的「空」並不是一個空虛的地方，在那裡每個人都孤伶伶地喃喃自語著……不，我們平常的生活才是這樣。

如果我們一直對於「空」有一個固執己見的看法，那就會繼續錯過它。所以，不帶先入為主的概念和評斷，而以開放的心來探索「空性」是很重要的。並不是要對空性有全盤了悟之後，才能有所轉變，相反地，據說只要起了一念疑心：「也許事物的本質是空性的……」就將會切斷迷惑之根。所以，光是對於世間生活的真實性生起疑心就有幫助。「也許我所認為的自己，並不真的是那麼一回事；也許這世間的萬物，並不像它們看起來的那麼真實……」光是像這樣的疑問就能鬆解我們的執著，動搖我們對於世界的觀點。

這情況有點像是一個被獨裁者統治的國家，剛開始人民都相信那獨裁者，支持他，慢慢的，人們開始懷疑他到底在打什麼算盤。大家開始不相信他的動機，問號在心底生起，從這一刻開始，他的影響力已經開始動搖了，他已經不再有完全的統治能力了。就像是我們開始懷疑自我是否真實存在的那一刻，過往的習性與迷惑對我們就不再有同樣的影響力了，無明與我執再也不能像以前那樣使喚我們了。此消彼長，一切就此改變了。

暫停腳步，確認方向

一旦帶著決心，認真地走上這條路之後，我們應該時不時停下來，省思一下這整趟旅程，想一想，我們是否還走在自己所計劃的路線上？還是已經迷失了方向？這條路到底有沒有用？自己是不是遇到了什麼障礙？當然，我們必須專注在眼前此刻的所作所為，但同時也需要時時綜觀全局，瞭解自己來自何處，要去向何方，如此我們才能評估自己的現況。

經過了這麼一段時日，我們可以期望自己有什麼樣的進展呢？

我們應該可以感受到痛苦減少了，特別是最劇烈的痛苦有所減輕；我們的情緒，在某種程度上，應該有降溫的跡象；而習性應該也不再能完全把我們玩弄在股掌之中。當我們停下腳步反省走過的這段路時，應該看看是否有以上這些徵兆，如果有，表示我們是走在正軌之上。一般來說，我們應該會感到更有求知欲與好奇心，心識更清楚，更覺醒，也更有覺性。除此之外，如果你已經瞥見「無我」，就會有一種「輕舟已過萬重山」的感覺（crossed the point of no return），你再也不會用以前的陳舊觀點看事情了。對於心的運作方式，我們已經有所領悟，這帶給我們嶄新的視野和更大的信心，更相信自己有能力了悟自心。這就彷彿一陣從窗口吹進房裡的新鮮空氣，邀請我們走出戶外，去享受外面那片廣闊的天地。

不過，這趟旅程也並不是永遠都這麼順利，這麼容易。

關於「迷路」與「歧途」

任何旅程都會經過地形險峻，容易誤入歧途的地方。就算我們的地圖是正確的，動機是強烈的，走的也是一條許多人走過的路，還是可能發生在原地兜圈子，甚至走回頭路的狀況。如果能預先知道這條路上什麼地方有陷阱、危險或令人迷惑的岔路，通常就能避免受困其中，或走錯方向。

剛開始上路時，一心專注於個人解脫的目標是必要的，但如果太過於極端，可能會讓我們變得心胸狹隘，有一種「幽閉恐懼」的感覺。本來我們可能不太感覺到自己是迷惑的，對於痛苦的感受也相當麻木遲鈍，但隨著自己的進步，我們開始強烈的察覺到原來自己的痛苦是這麼的劇烈。雖說對於痛苦要有完全的體驗，才能生起解脫的動機，但是我們越來越察覺到痛苦是那麼長久與普遍，有時候，這真讓人無法忍受。我們越是覺得痛苦，便越渴望擺脫它、脫離它，然而痛苦卻似乎又是如此不可迴避。

這時我們有兩個選擇：我們可以選擇放鬆，放鬆在這體驗之中；或者我們也可以選擇崩潰，驚懼失措。選擇後者的話，我們可能會縮進一個越來越窄的牛角尖裡，因為希望迴避一切痛苦的願望是如此強烈，以至於我們躲開世間的一切，最後發現自己被關在一個小小的空間裡，像卡在狹窄的巷道一般進退不得。我們越是焦慮，越是慌張，越是想不起自己是怎麼變成這樣的，最後只好打電話請「消防隊」趕來救人。所以太極端的出離心其實只會製造更多的恐懼，反而變成解脫的障礙。

另外一個迷失方向的可能性，則是對「無我」和「空性」產生誤解。當我們把「相對的真理」和「究竟的真理」混為一談，或誤以為「究竟的真理」是一種可以抹滅世俗所有一切的東西，這時就會落入虛無主義的陷阱，認為人生既沒有目的也無意義。這時候，我們的空性見地中盡是憂鬱與哀傷，這樣的「空性」只是另一種把一切都關在門外的工具罷了。我們看著世界，心中沒有喜悅，眼中只看到絕望。

一旦落入以上任何一種陷阱，與其在其中苦苦掙扎，不如承認它，一旦我們認出這是個陷阱，就拿出我們所受過的訓練來對付它，提出問題來質疑它，分析它，從各個角度全面檢視它。誰也不曉得解脫會在何時、從何處到來。如果你無法靠自己的力量掙脫陷阱，那麼你所需要的，是去向一位熟知這條路的識途老馬尋求援助。下定決心請求救援並不是要你讓出駕駛座，把控制權交給別人，你仍然必須使用智慧。

關於「迷路」，前面所說的只是兩個例子，也許你遇見的是不同的狀況，畢竟每個人都不一樣，但相同的是：陷入難關或失去方向時，請前去求助，前去問路，不要猶疑。對於大部分的障礙來說，最有效的解藥來自於對空性的真實體驗。但有時我們所需要的也許只是讓自己休息一下，找一些方法讓心放鬆，例如和朋友聚一聚，聽聽音樂，看看電視，去最喜歡的餐廳吃一頓飯。而有時候，你所能為自己做的最好事情，就是去幫助需要幫助的人。

話說回來，遭遇到過不去的關卡，也不一定是壞事，它可能會是一次特別的機會，讓你學到一些無價的經驗，讓你看到原本會錯過的風景。我們一點也不用害怕這樣的經驗，每一次從中解脫，你的信心就更加茁壯，你越來越清楚自己的能耐，從這些經驗中你知道，在每一個阻擋我們的障礙後面，都有著康莊大道。

第9章

超越自我

我們發現自己的心是如此具有轉變的可能性，
這樣的發現成為我們喜樂的泉源，
也因此，愛上這個世界成為一件可能的事，而且是愛它現在的原貌。
我們不再苦苦追求一個成果，
而是開始能夠放鬆下來，享受整個過程。

一旦體驗過無我之後，我們的確信會更加增長。那堅實頑固的自我感開始消融，那道將自己與他人分開的界線，也開始自然地融化了。我們發現自己不再是站在一堵厚厚的高牆之外，與廣大的世界相隔兩邊。當我們把這嶄新的開闊感受，結合原先致力於個人解脫的決心，我們發現把「我執」與「自我中心」拋在腦後的同時，還是可以完全投入世界這個大家庭，成為其中的一分子。

我們可以感覺到，這趟旅程已經為旅人帶來了改變。這時候，走在這條路上，我們不再一味地只想到達目的地，不再只為了抵達那稱為「解脫」的地方，反而覺得這趟旅程變得比較像是一種生活方式。我們不再一心只想解除自己的痛苦，雖然痛苦的解除也許會像驚喜一般的來臨，但因為在探索自心的過程中，我們找到了心的本質；在解放心的過程中，我們讓心敞開了，所以自由解脫的願景自然地往外擴展，把其他人也都擁入其中。我們不再一心一意尋找讓自己免於迷惑、混亂的庇護，反而開始欣賞這些迷惑，因為迷惑之中充滿讓我們更進一步訓練自心的機會，那真是無窮的可能性。因為這個原因，我們開始感到一種喜悅，很開心能活在這世界上，能與其他人相處，永遠不會覺得厭倦。剛開始萌芽的無我體驗，讓我們對於人類的一切經驗都感到欣賞與感謝。

這種隨著新發現的「欣賞與感謝」而來的快樂，基本上是一種「欲望」。「欲望」一直以來都是我們努力要征服的對象，但以前的問題在於欲望總是和我執、自私牢牢相繫，現在這執著消失了，欲望轉化成一種將我們與別人連結在一起的能量，欲望之中的溫暖、關切與熱情的特性都還在，但它已不再那麼盲目與衝動，因為它不再一心關切自我的滿足，反而飽含著慷慨大方、善意與慈愛的潛能。比起從前偏執迷亂的那種欲望，這種從無我之中展現出的欲望顯得柔和、開闊多了。因此對我們來說，欲望再也不是個大問題了。

降伏「憤怒」

在欲望之後，我們下一個要面對的是「憤怒」（aggression，瞋恨），憤怒是最有破壞力的心理狀態，也是我們目前最大的課題。說起憤怒，通常我們想到的是一種明顯的暴力：爆發的怒火，咒罵的人，被踹飛的鐵罐。當然，這是一種顯而易見且容易控制的表面性憤怒，但內心深處的憤怒問題更大，因為它更難被發現，也更難處理。不管是顯露在外或隱藏在內，一顆憤怒的心永遠都會阻斷溝通的可能性，它讓我們麻木不仁，無法體會別人的感受。所以，這裡我們所說的憤怒，既包含那始終埋藏在心底的憤恨心境，也包含表現在肢體及語言中的怒氣。

在我們的文化中，消極的憤怒模式是司空見慣的事，人們可能整天都帶著敵意和滿腹牢騷，卻一次也沒有舉起拳頭或提高聲調，只有在你覺得實在必須跳出來證明什麼的時候，怒火才會流露，例如有人語帶挑釁，或說了什麼傷到你的自尊，讓你覺得可能不反擊不行。接著你會發現自己正在寫一封很長很長的 E-mail 給他，一再試圖證明自己的觀點是對的——而這就是憤怒。想要把事情說清楚沒什麼不對，但是當我們如此執迷於為自己辯解時，已經身處於憤怒的國度中了，這樣下去，最後我們可能讓怒火直接爆發，忘了這件事一開始時，自己其實只有一點不爽而已。

只有當我們有意識地面對自己的憤怒，觀察它，探究它，才能把心逐漸打開。這是我們這條道路行走至此的最大課題。我們不再是孤獨一人，省思著人生的痛苦，獨自努力尋求個人的解脫，不，一旦已經看穿我執，我們的視野變得大大開闊，眼前所見不再只是一個讓自己靜心平慮的小黑點，而是一路望向廣大的地平線，我們看到廣大世界中的豐富多彩，看到其中的能量與戲變。我們豁然瞭解到，不需放棄自己的解脫目標，同時仍然可以向別人伸出雙手，把別人也納入解脫的祈願中，成為自己矢志解脫之決心的一部分。就這樣，我們用對治欲望的同樣方法，來對治那尚未被完全降伏的憤怒，把覺察力和覺性放在憤怒的心念上，放在憤怒的感受上，放在展現憤怒的行為和言語上，我們思維它、分析它，試著去看到它無我的本質。

「無我」與「慈悲」是直接連在一起的，在未來的路途中，這兩種體驗是關鍵。當其中一者茁壯，另一者的威力就跟著增強。兩者雖然可以分開來學習，但是我們無法真正將它們分開，無法把它們的影響力拆開。我們發現越能把心敞開，就越能欣賞自心，欣賞並感謝心中的一切，包括迷惑在內。而我們越欣賞、感謝自心，就越欣賞、感謝別人，欣賞並感謝這世界的豐富多彩，包括迷惑在內。而這成為我們每日生活的喜樂來源。

把玩具分給大家——關於慈悲

之前我們所謂的修行，是在訓練內在的「叛逆之佛」，它一直與我們同在，直到「佛」直接出現為止。也就是說，我們一直在覺醒的過程中，直到真正醒來為止。之後不再有過程，不再有旅程，我們已經來到了目的地。

一直以來，我們專注於累積知識，生起智慧與領悟，並把它們運用在生活中，這是我們訓練自心的方法，強化心的力量來解脫自己。然而，「叛逆之佛」不只包括心靈與清晰的思考，它還有一個很大很大的「愛心」（Heart），其中充滿了欲望與熱情——追求個人解脫的欲望，和希望別人也得到解脫、快樂的熱情。這「愛心」也是需要加以鍛鍊的，當這些熱情與了悟相結合時，我們望向世界的目光將融為單一的視野。隨時隨處都有機會讓「心」（mind）與「愛」（heart）[1]完成訓練。事實上，這些機會都是相同的，我們再也沒有理由把「我的修行」與「我的日常生活」分開，兩者已經合而為一，成為同一條道路，同一個生活方式。

在這階段我們所要接受的訓練，主要是要降低「無我」的反面：「自私」。我們使用各種方法來去除「只關心自己」、「只想到自己的好處」的執著。就好像我們長久以來都是獨生子，現在突然出現許多兄弟姊妹、親戚朋友，我們必須學會把玩具分給大家一起玩。我們之所以還沒辦法和別人分享，沒辦法平等地關懷別人的快樂和自由的原因，是因為對自己的執著。我們專注在這個自我已經太久了，沒有那麼容易就改弦易轍。這可不是小事一樁。不過之前所做的練習已經擦亮了我們的眼界，讓我們看見不再執迷於自我的可能性。

如今我們所做的訓練，要進一步「擦亮」我們的視野。我們開始發現，舉目望去一切皆是「無我」，不只是自己的心，還有別人的心，甚至整個世界，都是無我的。所有的想法，所有的情緒，所有的概念，它們的本質都是一樣的廣大開闊，沒有任何一樣事物是堅固、實在的，我們所見到的，不再是一個被念頭僵化的世界，不再是一個被「這是什麼、那是什麼」的概念釘得死死的世界，我們看到的是一個不斷遊戲著、變化著，剎那剎那都在改變的世界。這樣的領悟稱為「二無我」（twofold selfessness）[2]，它讓我們得以看見究竟實相的全景。

只體悟到個人自我不存在的「無我」，就好像從美麗的海灣渡假飯店看出去的窗景，沒錯，看得到海，不過只有一小塊，而且距離有點遠，角度也很侷限。通常房屋仲介和旅館經理稱之為「局部海景房」。相反的，「二無我」的空性體驗就像是站在「大索爾」（Big Sur）[3]海岸線的懸崖上，四面八方望去都毫無阻礙，一望無際的大海、天空、海岸在你面前展開。這就是「人無我」與「二無我」的差別，前者是局部的，後者是完整的。

---

1 此處的「心」（mind）與「愛」（heart），在英文中都是「心」，前者 mind 是一般所說的「心靈」，後者 heart 在此處是指較為柔軟、感性、滿懷慈悲的「心意」，因為中文裡難以找到完全對應的翻譯方式，所以此處權譯為「心」（mind）與「愛」（heart）。下一章「利他之心」中，再次提到這兩種心。

2 「二無我」是「人無我」和「法無我」，意思是：個人的自我並不真實存在，而一切現象之中也沒有真實存在的事物。

3 大索爾（Big Sur）：是加州海岸有名的風景區，一邊是海洋，一邊是峭壁，景觀壯麗。國家地理雜誌選為「一生中不可錯過的五十個旅遊勝地」之一。

無我之心

旅程行進至此，我們內在有兩種代表性的素質：廣大的無我了悟，以及廣大的慈悲。雖然兩者同樣重要，但我們首先必須先有深刻的無我體驗，然後才會有真正的慈悲，沒有無我的智慧，幫助別人的欲望中總是混雜著私心，雖然行善，但心中總是另有圖謀，例如施予別人物品、忠告或援手，同時又希望對方感謝我們，或站在我們這一邊。當我們對無我有一些真正的認識以後，這時候我們所修習的慈悲就不會帶有特殊的目的性，或隱藏的企圖心。我們也不會到處想要去「拯救」別人，以贏得刻著「救世主」字樣的獎牌。這樣的行為是非常「有神論」的作法，但有時連佛教中也見得到類似這樣的例子，尤其是被有神論傳統所影響的部分佛教文化。然而，現在我們只是要單純地活在世間，學著在智慧與慈悲的鼓舞下生活，試著盡可能對別人有幫助。

看看馬爾巴的例子，馬爾巴是西藏最偉大的大師之一，他是一位優秀的農夫、出色的商人，是所謂的「在家瑜伽士」，雖然他擁有佛法的寶藏，也已經完全了悟、精通了這些教法，但他從來沒有出去外面到處找徒弟，或想「點化」任何人。那些來到他門下的弟子可是得一再懇求，才能得到他的教導。想要得到馬爾巴的幫助不是那麼容易的。然而馬爾巴卻是藏傳佛教中最重要、最受尊敬的偉大人物之一，因為他有著了不起的智慧，知道什麼樣的教導對什麼樣的學生真正有幫助，他所給予的，絕不會超過學生所需要的，所以他的教導總是恰到好處，效果絕佳而毫不浪費。

如果佛法中慈悲的練習，就是要到處去「拯救」未開悟的人，這樣的看法就跟某些登門拜訪，硬要在家中給我們幾句金玉良言的宗教人士沒有兩樣，是的，他們立意良善，希望拯救我們，赦免我們的「罪」，但這卻不是我們利益別人該用的方法。我們並不試圖以自己小小的佛法之旅去拯救任何人，在這趟旅程中，我們只是想以智慧與慈悲作為自己的生活方式，而在智慧與慈悲的自然展現中，為別人帶來利益。

打開機會之窗

慈悲待人之前，必須先能慈悲對待自己。怎樣慈悲對待自己呢？我們可以看著自己的心，欣賞並感激自己的妄念、煩惱……欣賞所有這一切迷妄偏執的表現，因為它們其實是在幫助我們覺醒。憤怒可以幫助我們生起清明與耐性，欲望可以幫助我們放下執著，更能慷慨施予。基本上，一旦我們發現這迷惑的心同時也是覺醒的心，就能欣賞它、喜歡它，對於如何與它相處更具信心，畢竟，這是一顆棒極了的心，是能帶我們到達覺醒之境的心。明白這一點，我們就放下了以前對於自己情緒的不滿與反感。

以前剛開始的時候，我們把情緒視為一種負面的東西，是我們要征服的對象，那時我們必須讓自己冷靜下來，平靜下來。然而現在我們發現情緒的能量正是能夠點燃智慧，鼓勵我們覺醒的好東西，所以我們對於情緒心懷激賞，很高興它們讓我們看得更清楚。我們開始聽懂一直以來它們所要告訴我們的事。過去我們一直靜靜坐著傾聽著自心，讓它說話，試著去瞭解這位本來不熟的朋友，現在這場與心的對談已經更上一層樓，我們不只聽著這位朋友說話，同時可以感受它情緒的冷熱，彼此之間的交流變得更加親密與感同身受，因為彼此已經有了聯繫與信任。

憤怒不只是對某件事不爽，欲望不只是想要某個東西，它們不只是一種習性與煩惱的心境，在它們之中有一種追求清明的渴望、對真實聯結的渴望、追求自由解脫的渴望。情緒不是敵人，它們其實是「叛逆之佛」的真面目。我們從未見過叛逆之佛的面貌，不曉得它若是在我們這凡俗世間行走會是什麼樣子。以前，叛逆之佛一直是我們智慧之劍鋒利的那一面，現在我們才發現，叛逆之佛也是自心柔軟的一面，它是如此柔軟，永遠也不會完全碎裂，從這點來說，它又是如此的堅強。從某個角度看，我們的種種情緒和妄念，其實一直想要發起一場心的革命，它們一直在抗拒著我們不公平的對待和壓制，呼喊著：「請不要凍結我的能量！不要把我埋在一大堆標籤裡！也不要試著想把我變得更好，勇敢一點吧，看看我本來的樣子，請接受我真實的面貌，也許會讓你感到意外的驚喜！」

一旦我們開始在心的迷惑中，認出深藏其中的正面特質，就會開始欣賞自己的心，不再把它當成一個麻煩。如果我們能以這欣賞的眼光，越來越正面的看待自心，那就沒有理由不欣賞這個世界。如果我們無法欣賞自己心中的偏執（neurosis），怎麼有辦法欣賞這充滿偏執之人的世界呢？這就是我們的世界呀，不管你喜不喜歡。

所以，下一步就是欣賞別人的迷妄偏執之心，因為它們是有益的，人們的迷惑、煩惱和痛苦都在幫助我們覺醒，它們撞擊我們的心靈，觸碰我們的心，如果我們能真正接納並懂得自己及他人的偏執之心，每一次與人見面，每一回與人交流，都是一個為彼此帶來解脫的機會。這樣的態度是與人相處的關鍵，我們因此能與人互動，而且滿懷熱切的希望與人互動、相處。如果我們還沒開始與人交談，就帶著批判、懷疑甚至厭惡的心看待別人，就等於關上了與人共事的機會之窗，如此一來所剩的機會就不多了。如果我們一點也不想和迷亂之心、煩惱之人有任何瓜葛，或許只能再次逃離這個世界，但是我們真的有辦法逃離自心嗎？真的有可能逃離所有的人際關係嗎？

當然，我們可以跑去隱居閉關，把紐約、西雅圖、台北這些大都市一切亂七八糟、耗人心神的事情拋在身後。好吧，那就開始計劃閉關吧，然而一開始計劃，一些匪夷所思的事情發生了。想要逃離世界的我們，又開始一點一滴的把世界放進背包裡。我們一再確認閉關小屋裡有網路連線，確保自己的筆記型電腦能夠上網；我們提醒自己別忘了帶手機充電器，還有泡麵和維他命，然後突然想起到了那裡應該沒有什麼好咖啡，於是又開始準備咖啡包，心想最好帶一個隨身型的意式濃縮咖啡壺……不久，我們幾乎把一整間星巴克咖啡店都裝進自己的行囊裡。

不管我們多麼努力逃離這個世界，這個世界一直都被我們帶在身邊。就算我們捨棄了那一切有的沒的物質享受，我們還是以鮮活的記憶、投射、概念、情緒、希望、恐懼……等等形式，把這個世界帶著走，幾乎快塞爆那棟荒野中小小的閉關小屋。而我們腦海中上演的各種情節，就像大都市夜裡的警笛，讓我們不得平靜，整夜在小屋中輾轉難眠。

這顆心，也許有時讓我們感覺很糟、很慘，但不管多糟、多慘，當下的自心是覺醒的唯一希望。心是我們唯一的資產，是銀行裡的所有存款。心是我們贏得自由的唯一籌碼。這一生中，不管過去我們在心的銀行存了什麼，都已經生出可觀的利息，不管是一大筆憤怒或嫉妒的財富，還是一大筆慈愛與悲憫，或是全部混在一起，不管是什麼，每個人都一樣，都有一大筆。我們都同樣只能帶著這顆心，和其中各種迷妄情緒的財富，迎向覺醒；也只有當我們願意接納別人那同樣充滿迷惑的心，才能真正與人相處，帶給別人幫助。

迎向偏執之人

如果我們真心喜愛與人相處，帶給別人幫助，那麼內心應該期望遇到偏執之人（neurotic people），並且樂意為他的困擾伸出援手。我們不應該一開始就只想與明智、覺醒的人在一起，如果你只想幫助討人喜歡又講道理的人，只想幫助心境平和，具有智慧與慈悲的人，那你大概機會不多。具有這些特質的人大概都不需要你的幫助，對於你想拯救他們的好意，大概會敬謝不敏。我們之所以會有機會幫助別人，通常是因為我們能夠懂得他們的迷惑，因而得以產生心靈的聯繫。

偶爾我們會在街上遇到某種人，他們習慣對人兇巴巴，總是喝醉酒，或在某方面完全不可理喻。這樣的人甚至可能每天都在熟悉的場合出現，他們可能就出現在我們家裡，或是公司，或站在我們辦公的櫃台窗口前。遇到這樣的人總會讓我們不禁思索：怎樣才能進入他的世界，和他真正的溝通？這問題沒有一體適用的答案，因為我們遇到的每個人都不同。我們要以不同的方式去認識每個人，試著去看出、去瞭解掌控他們生命的慣性想法與情緒，試著去欣賞他獨一無二的迷亂「印記」。不要一下子就跳出來給意見。要仔細觀察，審視狀況，像馬爾巴一樣，看看怎麼做才真正有幫助。某個方法也許對你自己有幫助，對你的阿姨也有幫助，但就是對這位朋友沒有幫助，那就沒必要提出來了。

假設我們發現辦公室裡的某位女士有脾氣暴躁的問題，讓每個人都難以忍受，這時該怎麼辦？首先我們瞭解到，她受困於一種迷惑的慣性模式中，而這迷惑帶給她的痛苦，比帶給我們的痛苦大得多了，因為我們只在辦公室時才受到困擾，但她的全部生命都陷於這困擾之中。其次，我們要記得的是，憤怒只是一種習性，而再強的習性都是可以轉化的。然後，我們帶著開放的心，尋找一個能進入她的世界的機會，一扇與她建立聯繫的窗口，在這堵憤怒與焦躁的牆上，尋找一個較為柔軟的部分，讓我們得以突破這堵牆，進入這位同事的世界中。一旦進入了她的世界，真正的對話才得以產生，彼此也會更能信賴對方，因為我們知道彼此都是站在同一邊，這並不表示兩人的看法完全一致，而是表示彼此可以坦誠地分享自己的看法，不用擔心對方責難或貼標籤。不管事情會如何進展，這已經是一個改變的開始。

這裡的意思，絕對不是說在解脫之道上，我們還得擔任心理治療師的角色，或試圖成為一個指導者，想要療癒別人。並非如此。我們所要做的是成為支持別人的力量，去瞭解他們，給予人們真正的善意與關懷，而不帶評斷與期待。以這樣的方式，我們讓一顆因瞋恨而受苦的心，與清明、慈愛的心會面。這樣的心靈交會將啟動心的轉變，啟動觀點的轉變，不管這樣的轉變是很快就到來，還是許久之後才出現。

心與心如何相連？

與人溝通時，小心我們用在彼此身上的標籤，它們有時有益，有時卻會傷人。有些標籤是中性的，不好不壞，例如書本，鉛筆，樹木。但有些我們覺得不好不壞的標籤，某些人聽來卻是別有含義，認為你在批評他們。有時同一個標籤從不同的人口中說出來，意思也會完全不同。例如，如果我說：「我是個修行人，你是個世俗人。」你會有什麼感覺？或者如果是你對我說這句話，或是對路人說這句話時，你想表達的又是什麼？

我們都太容易把一個人貼上「修行人」（spiritual person，心靈人士）或「世俗人」的標籤，不管是在禪堂之中或在馬路上的人，都常常這麼做；而佛教的傳統表現型式，似乎更助長了這種對立。然而這種黑白分明的劃分法，會關上我們與人溝通的大門。就在我們把別人貼上「世俗人」的標籤，而別人把我們貼上「修行人」的標籤時，兩人之間的溝通就到此為止，任何進一步建立友誼的可能性已經被關在門外了。

所以，讓我們避免這樣的區分，把我們的道路當成一種生活方式，而不是一趟為了達到某種目標、取得某種成就，而且沿路還得一路救人的旅程。相反的，這趟旅程已經化為生活本身，每天生活中出現的狀況，那些在自他心中顯現，在你我情緒中上演的各種情景，就是我們修行的友伴。在這樣的基礎上，我們與世界之間就有一種源源不絕的自然交流。我們用日常的語言，和鄰居聊生活的體驗，人們也完全能瞭解你在說什麼，關於憤怒、嫉妒與欲望的話題，人們總是很有興趣，他們大都會抱著開放的心，聽你訴說怎麼處理生活中的情緒，包括「七宗罪」（seven deadly sins）[4]中的其他「罪行」在內。

相反的，如果我們脫離這個基礎，講起話來像個學者或「高人」似的，周遭大概沒幾個人聽得懂你在說什麼，也沒幾個人在乎你說什麼。只要單純地分享每個人都有的生活心得，而不要一味只談心靈的話題，才能與人有更直接的、更親近的心靈溝通，這就是為什麼相較於在神聖的大殿中，通常在酒館或在路邊抽菸時，人們比較容易成為知心好友。不相信的話，看看在機場候機室裡的景象，那些在等飛機時拿出宗教小冊子，或是秀出神聖的心靈導師、宗教領袖照片的人，通常都會讓人避之唯恐不及。

人與人之間真正的聯繫，是心與心的相連，只有當我們拿出自己的真心與生命，才能接觸到另一顆心、另一個生命。說不定，在這之中受益最大的是我們自己，誰也不知道會發生什麼，誰也不知道最後是誰解救了誰。當我們向別人伸出雙手時，同時送出一個禮物吧，那就是「拋棄成見」：讓我們放棄那些「我是誰」、「你是誰」、「會發生什麼」或「應該發生什麼」的先入為主概念。心與心的相遇，永遠不是單方面的事情，它就像是一場化學變化，是一個讓雙方都得到轉化的煉金術。

沒有什麼好失去的

我們之所以能欣賞並感謝這瘋狂的迷惑世界，是因為我們明白，當下自己所擁有的這顆心是能夠覺醒的。以這樣正面的態度看待自己的念頭和情緒，並不表示要放縱我們的習性，而是表示我們會盡可能好好的利用它們。憤怒來襲時，我們利用它閃耀的能量，把憤怒的整個慣性模式看得更清楚，再將它斷除。同樣的，不管遭遇什麼樣的經驗，都幫助我們內心閃現領悟之光，最後，我們一定能把無明之根一舉斷除。我們發現自己的心是如此具有轉變的可能性，這樣的發現成為我們喜樂的泉源，也因此，愛上這個世界成為一件可

4 七宗罪（seven deadly sins）：在天主教教義中對於人類惡行的分類，順序由輕至重依序為：傲慢、妒忌、暴怒、懶惰、貪婪、貪食及淫慾。

能的事，而且是愛它現在的原貌。我們不再苦苦追求一個成果，而是開始能夠放鬆下來，享受整個過程。

如果生命帶給我們的，只是苦與樂的無盡循環，那麼，好吧，到山頂上去躲起來吧，到廟裡面去躲起來吧，讓自己平靜一下。畢竟沒有人喜歡每天活在戰場上或是瘋人院。就算喜歡看電視上那些瘋狂的戲碼，也沒有人真的希望自己的生活變成一部動作片、肥皂劇或社會寫實片。但是不管我們怎麼數落這世界，怎麼埋怨這世界，到最後，我們卻還是一次又一次回到它的懷抱。我們對這生命的熱情，來自於我們欣賞生命中的挑戰與機會；也來自我們瞭解，最終我們可以把心敞開，而沒有什麼好失去的。反正我們早已受困於此，只有此心為伴，沒有什麼更好的辦法，誰也無法把這顆心扔了，重新買一個升級版的。

既然帶著這顆心困於世間，何不盡可能好好利用它？何不想辦法自得其樂？小時候，我們被老師關在課堂上，雖然心裡知道無法逃課，但總能想出一些點子來娛樂自己。一張小紙片到了我們手裡，就變成一架飛機，飛越教室傳遞訊息，或是飛去對老師進行空襲。此時此刻，不管我們是被關在寺院老想溜出去玩的小毛頭，或是真的被關在監獄裡的大人；是正在開董事會議的主管，或是正環繞著地球軌道飛行的太空人，我們都在同一艘船上，只要我們還在這艘船上，也許我們都可以學學小時候的自己，發揮多一點創意。

第10章

利他之心

欣賞這個苦樂交織的世界，只是另一場更偉大冒險的開始。

當我們把「心」與「愛」都打開了，

並且讓它們合而為一，共同運作時，我們會變得更勇敢，勇氣十足。

我們從欣賞這個世界的觀點，

一路前進，到達一心只想利他的領域。

有時我們說這是個大世界，但有時又說這世界真小，不管怎麼說，我們都知道這世上有數不清的人，而他們心中也有數不清的痛苦，不管是內心或外在所造成的痛苦，數量多如地球人口。不僅如此，隨著痛苦而來的孤獨感和隔離感，更是讓痛苦變本加厲。痛苦讓我們有一種「沒有朋友」的感覺，覺得孤立無援。

有時當我們打開自己的心，去感受別人的心時，那痛苦之巨大幾乎讓我們難以忍受。我們的愛與慈悲頓時受到震撼，嚇呆了。這時，記住以下這點是有幫助的：不管是什麼樣的痛苦，單純的溫暖善意（kindness），有時就是我們所能提供的最有力解藥，它傳達出這樣的訊息：「你不是孤獨的，我在這裡，看著你，聽著你，我和你在一起。」就算只有片刻，就算只有一天，這真心的連結就可以改變生命行進的軌道。真心、誠摯的善意，就像一劑專治錐心之苦的廣效抗生素。

當然，我們應該盡可能給予人們食物、提供工作、住所……這些都是很重要的事，當我們有能力付出時，不應有所保留。但是付出真心與善意，卻是每個人都有能力做到的事。

然而給予別人這樣的善意之前，我們應該先學會對自己友善，如此，我們才能迎向他人，然後把同樣的溫柔善意擴展到別人身上。讓我們再次記得，幫助別人並不表示要懷著「救度」他的野心，試圖依自己的觀點，把別人「導入正途」。如果有什麼方法是真的可以拯救誰的話，真心與善意大概是唯一的方法了。將別人硬往你心中既定的目標推去，是救不了人的。帶著這樣的動機來助人，你所做的一切會比較像是個肩負傳教任務的宗教家，而不是好朋友。想要成為別人的拯救者，其中有很大的自我中心的想法，同時也是一種「有神論」的觀點。也許你會想：「我只是想解救喬伊和瑪麗脫離痛苦，又不是要拯救他們的靈魂。」事實上你只是用了不同的說法，在態度與做法上並無不同。

相反的，我們可以只是做別人的好朋友。如果你有一個好朋友，當你需要幫助的時候，你知道他會盡可能的在你身邊。他不會試著感化你、拯救你，只會在那裡支持著你，創造出任何你所需要的環境。當一個人試著拯救另一個人時，就是人與人的關係變調的時候。也許你想解救朋友或同伴脫離哀傷、憂鬱，或者單純只是想改變他錯誤的政治觀點，但你卻必須尊重每個生命個體的完整性，也要認識到自己智慧的有限性。另一方面，在很多情況下，你唯一能夠給予的，也唯一需要給予的，只有溫暖的善意。一顆友善的、溫柔的好心腸，就能夠融化人與人之間的藩籬。當你能在心中感受到那股真摯的善意，然後把它擴展到別人身上，那麼就算那個人正身陷悲傷或難關之中，也能感受到你的善意中帶有療癒效果的溫暖與平和。

欣賞這個苦樂交織的世界，只是另一場更偉大冒險的開始。當我們把「心」與「愛」

（mind and heart）都打開了，並且讓它們合而為一，共同運作時，我們會變得更勇敢，勇氣十足。我們從欣賞這個世界的觀點，一路前進，到達一心只想利他的領域。當然，這不是一蹴可幾的事，而是要一步一步培養的習慣。如果我們培養欣賞別人、喜愛別人的習慣，這種習慣會越來越強；如果我們培養的是透過無我的視野看待這個世界，這種習慣也會越來越強。當這些習慣全部集合在一起，將會把我們的自利之心轉變為對於他人的慈悲與無私的關懷。

慈悲心與利他心有何不同？從佛法的觀點來看，它們是一樣的；但從「實際操作」的角度來看，「利他心」意味著慈悲心已經擴展到一個地步，以至於決心奉獻自己為別人的利益而努力。這並不表示我們不在乎自己，而是我們在想到自己需要什麼之前，總是習慣先想到別人的需要。就像在餐桌上，我們總是很自然的把菜端到每個人面前，最後才是自己。在醫院排隊等候治療時，我們不會插隊到前面，遇到更緊急的病人時，我們讓出自己的優先權。每當看到有人擁有金錢與權利，並善加利用來利益眾生時，我們就感覺欣喜，就算那個人不是自己。換句話說，真正的利他之心來自於一種平和安寧的心境，我們對自己的一切感到滿意，對於所擁有的一切感到心滿意足，我執已經被降伏了，現在的我們又輕鬆，又快樂。慨然施予變成一件毫不費力的事，是快樂的來源。

愛的冒險

雖然這樣的說法聽起來很棒，但也有點令人難以置信。如果你從來沒有見過真正像這樣利他的人，這麼理想化的說法會有幫助嗎？也許關鍵是，在某些時刻，當你充滿慈悲與完全無我時，看著你自己，你就會看到那個人。當你無條件地深深愛著某人時，當你甚至對於自己也充滿慈愛時，當你感覺祥和寧靜，所作所為都柔和良善時，這時候你的心，就已經是一顆利他之心了。用不著到哪裡去找一顆更新、更好的心，你所需要的只是去認出自己的這顆心，相信它，和它一起努力，發掘它的能耐，直到它重新獲得所有的力量。這是一場冒險，而你內心那叛逆之佛會喜歡這場冒險的。

所有一切生命的心中，永遠有這慈悲的種子，無論是人類、動物或任何一種生物。不管多麼殘暴的人，在他生命中的某個時刻，慈悲的種子仍會以某種方式出現。是的，過去世界上出現過許多殘酷無情、讓世人痛苦無比的暴君，而現在每一天也都有人會為了自己的權利、金錢和名聲，出賣親友的利益與幸福。每當我們看到這樣的事情，心中不免嘆氣：「唉，這些人真是沒救了。」在那個人身上，我們看不到一點通情達理，看不到一點健全的人格，也毫無誠信可言。

然而，這只是讓我們看到所謂「掉入谷底」的「谷底」，究竟有多深，深到幾乎可以讓一個人和自心覺醒的本質之間斷了線。但是就算在最腐敗、最野蠻的生命心中，仍然有一種最基本的慈悲感受，他們的覺醒之心仍具有「連線能力」。沒有人是無藥可救的。在他們心中仍然有柔軟之處，仍有溫柔的可能，有一種他們通常害怕展現出來的脆弱，也許這就是為何他們也會墜入愛河，熱愛音樂與藝術，總是會有些時候顯現出人性共通的一面。即使是將獵物生吞活剝、最兇猛的獵食動物，也有百般慈愛照顧幼兒的一面。

這慈悲的種子，這將心敞開的感受，這柔和與溫暖，正是我們現在要自內心喚起的。我們越是真心如此——對自己真誠，對別人也不裝模作樣，矯揉造作，越能覺察到周遭世界的美好潛力。世界變得越來越繽紛、閃耀，越來越令人驚喜，越來越鮮活，甚至越來越可愛！在這趟旅程中，愛上這個世界是很自然的事。儘管苦難所在多有，迷惑錯亂也多得令人頭昏眼花，這仍然是個美麗極了的世界，以偉大力量撫育著我們的世界。這就是為什麼我們創作藝術、喜愛藝術，這就是為什麼我們唱歌、跳舞、遊戲、說故事，對於蘋果為什麼從樹上掉下來感到好奇。當然，有時我們也會惹出麻煩，然後再想辦法彌補，而有時也能成功解決問題。我們是個仍在改良中的半成品。

所以，慈悲心或利他心，並不是要求我們當一個完美無缺的人，或只是要我們「做好事」，它是你那勇於珍愛他人，珍愛這生命本身的無畏之心。也許我們拯救不了這個世界，但我們所做的一切都以一種奇妙的方式為世界帶來幫助，因為它們都是愛的自然流露。這也許聽起來很羅曼蒂克，因為在我們的概念中，愛是盲目的，經常是不理性、不切實際的，然而，我們對這世界的深情卻不會妨礙我們的理性力量與視野，反而能生起更進一步的覺醒。在智慧的引導之下，我們的所作所為不再是一時衝動地率性而為——真正自然流露的「率性」行為，是非常善巧的、精確的、合宜的，適時適地，隨機而行，讓事情走向它應去的方向。一個行為，無論動機如何，如果它是沒有助益的，就不是一個真正慈悲的行為。

不難想見，以此方式「墜入愛河」，不是件容易的事。所以，如何把這樣的慈悲心帶入生活中，實際的做法是需要我們仔細思量的。每個人的方法都會有些許不同，對我來說的好方法，對你來說未必最佳，這是一趟非常個人的內在旅程。我們正將「心」與「愛」越拉越近，接近兩者合一的喜樂境界。我們正在把許多界線一一消除：修行與世俗、高與低、自與他……以這樣的方式，我們把原本這條「有問題待解決」、「有目標待達成」的道路，轉化為一種真正有意義、有助益的生活方式。不過，同時我們並不曉得這一路上將會遇到什麼人，什麼事，一切都還不確定，所以這同時也是一場冒險。

慈悲不需要「但書」

想像一下，如果我們跑去告訴別人：「我真的很想幫助你，『但是』首先你的行為要檢點一點，還有，如果可以的話，最好對我好一點，那麼，我相信我一定可以幫你一個大忙的。」情況會是如何？或許我們不會真的這樣大剌剌說出來，甚至可能沒察覺自己有這樣的想法，不過，有時我們心裡的確會有這種「但書」。這是我們開展慈悲心時的迷惑之處，我們想要幫助人，但是心裡又設定好條件，希望別人達到你的要求。這就好像要跟慈善機構申請急難救助，卻還得符合厚達數頁的救助條件，另外還要簽名承諾遵守一大堆附帶責任條款，最後才能核發救濟金。這樣的事，絕對不是我們此處所說的慈悲心。慈悲心是由「接納」開始的，它是要「握手交朋友」，而不是要簽「婚前協議書」。當我們與人相遇，建立了聯繫之後，就讓友誼繼續，其他的細節我們自己搞定。

面對現實生活的挑戰

把「但書」丟一邊去，接納別人的原貌，我們將會找到一個有智慧的方法，和人們的心與情緒相連，而真正對他們有所助益。這時候，我們的慈悲心是真實的，而不是做作出來的，它也不會有所偏頗，不會只對某些人付出，對某些人有所保留。一旦這利他之心逐漸浸滿我們的生命，我們的修行與生活便開始有了交集，最後終將合而為一。之後，所謂的修行之道與日常生活之間，就根本沒有分別了。鄰居見到你，不會覺得你是個有宗教色彩的人，更不會覺得你是個「修行者」，你在他們眼中不會是一個超凡脫俗的隱士或僧侶，只是一個好鄰居。生活與心靈的修持如果能這樣揉合在一起，生活中每一天遇到的每一件事，都會是修行的一部分。沒有任何事需要被排除在外。

不過，如果生活與修行已經沒有明顯的分野，我們怎麼樣才能知道自己是不是真的在修行呢？

我們住在舒舒服服的房子裡，周遭圍繞著家人、孩子、小狗、小貓，院子裡還有小鴿子，一切都跟我們開始修行以前沒兩樣。看看寺院裡的僧人，他們住在與世隔離的環境裡，每天照表操課，時時有戒律規章提醒他們修行，清清楚楚，毫不馬虎，而我們卻不是如此。那麼，我們的戒律是什麼呢？就是過去所培養的覺察力與覺性。作為一位在生活中修行的「居士」，與一般生活方式不同的是，我們為心靈加裝了「自律」的配備。所以「是否真的在修行？」這是我們每個人必須回答自己的問題。

早上起床，發現冰箱裡的牛奶喝完了，沒有牛奶泡咖啡，外面又在下雨，而且車子沒油了；你的孩子頭上帶著耳機，不管你說什麼，他都完全不理你。在這個時候，看著你的心，你的平靜還在嗎？你的慈悲呢？不必擔心沒有人提醒你修行，生活本身隨處都會提醒你。

在生活中修行，我們比棄世隱居的修行者有更多機會面對現實世界的挑戰。在初期階段所做的一切心靈修持，都是為了面對這些挑戰做準備，讓我們得以把心靈修持融入世間的所作所為。例如，以前我們會做情緒的禪修練習，我們靜靜坐著，然後邀請憤怒或嫉妒到來，讓我們可以觀察它，禪修它。的確，這樣的練習非常重要，但這還只是有如軍中的野戰訓練或作戰演習，雖然能讓我們學會認出情緒，禪修情緒的基本技巧和策略，但我們還是身處於「非交戰區」，敵人的砲火還離我們很遠。我們躲在自己小小的繭裡面，很安全。但是，最終我們還是得從掩體裡面走出來，測試自己的能耐，看看自己到底學了多少；我們必須走進毫無掩蔽之處，冒險接受真實的憤怒、真實的嫉妒、真實欲望的考驗，該是脫離「實習生」身分的時候了，該是脫下「佛法軍校生」制服的時候了，走入自己的生活中，有如走入羅馬的圓形競技場，我們成為一位戰士，為了贏得自由而戰。

你的底線在哪裡？

修行一旦融入日常生活，世界的每個角落都可以通往覺醒之路，無論是在廟宇中或在大街上，所以我們必須時時檢查自心，在各種狀況中觀察自己的動機。縱使我們並不是刻意要去「拯救」廣大人群，但是善用日常生活中各種機會的結果，不但讓自己的全部生命都成為邁向自由的解脫之道，同時也成為幫助別人解脫的助力。

方才所說的那種神聖、無我的慈悲心，聽來也許太過非比尋常。完全放棄私心？百分之百奉獻自己為別人謀取福利？而且別忘了，所謂的「別人」，可不是個抽象的字眼而已，他們可是真實的人類，所謂的「別人」，可能是個迷人的人，也可能是個煩人的人；也許住在紐約華爾街，也許住在鹿港老街；也許喜歡看「歡樂大爆笑」，也許只看美國的福斯新聞網（Fox News Network），也許聰明睿智，也許笨得令人難以忍受。你的底線在哪裡呢？那位正在受苦的朋友如果超出你價值觀的底線，你是否還願意伸出援手？

事實上，「慈悲」不是為了完成行善利他的大業才去刻意製造出來的，它本來就在我們的天性中，是我們本質的一部分，每當我們喚起這慈悲的本性，自己所得到的收穫和利益，一定不會少於那位受到我們同情、關懷的對象。真心為他人努力時，等於自動地在為自己努力。所以，就算只以追求個人解脫的觀點來看，我們付出的任何時間也都沒有白費。佛教中有一句話說：「幫助自己的最好方法，就是幫助別人。」就在我們盡己所能，試著給予別人一些懇切的建言，把內心最深的洞見拿出來分享，真心希望可以幫助對方解決問題時，常常也就是自己頓然有所領悟，洞見自己問題的時候。就在我們努力幫助別人解除煩惱的時候，常常也就是自己突然感覺煩惱解脫了的時候。雙方都互蒙其利的可能性，永遠都在那裡。因此，我們毫無理由認為自己是聰明的一方，而眼前那位可憐又煩惱的傢伙什麼都不懂。同時，也不要期待對任何一方有任何結果或回報。簡而言之，真正的慈悲心，是不造作的。

無畏的心

慈悲是會進化的。剛開始時，它只是個小小的、特別的東西，最後卻能進化成像天空一樣廣大。最初，它可能只是源於我們對於一件小藝術品或小寵物單純的喜愛、欣賞；慢慢的，我們逐漸把心打開，對世界上越來越多事物感到喜愛、欣賞與感謝。如果我們不退縮，不躲藏，讓它繼續發展，這種喜愛、欣賞與感同身受之心會越來越擴大，最後把整個世界和每一個人都包含在其中。

不過前提是一開始我們必須先願意打開心才行，如此這最初的發心就會一路進化，最後發展到勇敢無畏的境界。在我們前進的道路上，我們需要無畏的心，為什麼呢？因為當我們打開心的時候，我們是把真實的自己完全暴露在全世界的面前，不只是在私下，不只是躲在房裡，而是在任何情況下，我們都願意做真實的自己，毫不退縮，而這是一個非常需要勇氣的行為。聽起來也許有點矛盾，但我們的確可以攤開弱點，又一無所懼。

這種「弱點」有時會被誤解為「脆弱」，但它其實是一種力量的表現。一般來說，將自心敞開來，也就表示毫不設防，會讓自己處於被攻擊的危險中，於是我們覺得如果不把自己武裝、防衛起來，等於給自己找麻煩。這樣的想法在我們心中根深柢固，以至於防衛自己變成一種反射動作，有時我們甚至不知道自己在保護什麼，只是一種神經質的反應。然而，在修行之道上，這樣的防護罩必須降下來，而真正能降下防護罩的唯一方法，就是相信自己。這裡的「相信自己」是說，你不只相信自己可以對付自己的煩惱，也相信當煩惱之人衝著你來，你也應付得了；如此一來，周遭一切都難不倒你；失去這樣的信念，一切就會變得壓力重重，那種真實的敞開感不見了。

成為一個無所畏懼的人，並不表示要變得很有攻擊性，要強化我執，或增強自我的重要感，「無畏」只是代表我們願意敞開自己，成為一個真實的人，以真實的面貌對待自己和別人。能夠做到這樣，就沒有什麼好害怕的了。相反地，如果我們必須戴著面具，假裝自己是個樂於助人的善心人士，隱瞞自己的私心，那麼永遠會害怕，永遠需要躲藏。然而，一旦我們具有純淨的動機，一旦我們有著清晰的見地，還有，只要我們在信賴自己的基礎上站穩腳步，就沒什麼好擔心的了。核對以上三項，全部打勾後，就只要放鬆即可。

什麼「因」帶來覺醒的「果」？

西方人常說「心讓人墜入愛河，而理智讓人分手」，我們覺得心是用來感覺的，而理智是腦袋的作用，對嗎？這麼說來，意思就是我們內在有兩個老闆，而且常常意見不一致。然而從佛法的角度看來，內在真正的主宰是「心」（heart），而不是腦袋。慈悲心與清明的覺性是本來就合一無別的，當我們深深地、真實地契入這合一的體驗，就是所謂的生起「覺醒的心」。它是覺醒的本然狀態，純淨的狀態，自然地廣闊與開放，完全地覺知著，而且充滿無條件的愛。這覺醒之心就像種子一樣，存在於我們自心每一時每一刻的體驗中。

然而，是什麼力量讓這覺醒的潛能從種子轉化成盛開的花朵呢？就和其他一切事物一樣，是「因」與「果」的作用力。當我們在肥沃的土壤中播下種子以後，只要好好澆水，讓它有足夠的日光……種子就會發芽，長成植物，最後開花結果。同樣的道理，心的完全覺醒也是有原因的。所謂的「因」，就是它有力量產生出一個特定結果，那麼，現在我們想知道，是什麼樣的「因」具有讓我們覺醒的力量？

佛陀教導我們，有五種方法可以為我們帶來覺醒的體驗：

1 依靠具足資格的善知識（spiritual friends，心靈的朋友）
2 培養慈愛與悲憫之心
3 增長自己的善行（positive actions）
4 學習佛法，鍛鍊心智
5 將研讀所得的知識內化於心

除了第一個方法以外，其他四者都是我們之前一直在談論的主題。基本上，這則開示是要我們掌握這短暫一生中的所有機會，做最好的利用。

既然傳統上建議我們應該要有一個所謂的「師父」，現在該是讓我們看看「師父」這個概念的時候了，讓我們看看這個在佛法之道的所有轉化力量中，最有趣，也最容易被誤解，而且時有爭議的主題。

在這條道路上，不同的階段，會有不同的老師，也許是許多位不同的老師，也可能是同一位老師，扮演著許多不同的角色。

第一種老師是大學者，它可以教導你最基本的學問，以及關於這條道路的基礎知識。第二種老師是個嚮導，指引你方向，給予你建議，讓你知道如何把所學的基礎知識投入實際的修行；當你遇到障礙，他會幫助你找到解決之道。接著，下一位老師，與其說是老師，其實比較像是個「智者」，他能為你指出更高的智慧之門，告訴你如何走進去。也就是說，第一位老師就像是一個法律系教授，是個理論派的高手，能把基礎法律條文的理論基礎和背後的來龍去脈，全盤跟你說清楚。第二位老師則像是律師，懂得這些理論在現實中該如何應用，而不只是照本宣科。第三位老師則像是法官，是三者之中最讓人痛苦，可是卻又不可或缺的老師，他會指出你的弱點和破綻，讓你對他不得不誠實。

當然，這是一種概括性的說法，你的老師可能會以任何形式出現。而佛陀曾經說過，我們應該依靠的師父，究竟來說，就是自己心的真實本性。然而在我們有能力清楚見到這「內在的師父」之前，前面所說的這些老師可以幫助我們，避免自己的「無我」領悟又退回到堅實的「我執」之中。

關於「老師」

從小時候走進幼稚園大門開始，一直到進大學或職業學校，這些過去上學的經驗，讓我們對於「老師」大概都有一些固定的看法，然而，當佛陀以「善知識」這個詞，為我們帶來「老師」的概念時，其意義並不完全和我們原有的瞭解相同。所以重新思考何謂「老師」，尤其它在心靈上的意義，是很重要的；其重要性可能超乎我們想像，因為誤解「老師」的意義，師生之間的關係可能會變成一種既沉重又令人沮喪的事情。

在我們的教育系統中，剛開始，我們可能把孩子的老師當成替我們帶小孩的保姆，隨著孩子逐漸長大，我們對老師的敬意也與日俱增；我們信任他們，相信他們在專業的領域一定學有專精，而且發心良善。隨著孩子所就讀的學府往上爬升，我們對老師的尊敬也有增無減，同時，卻也覺得和老師的共通之處越來越少，和他建立友誼的可能性越來越低。想想看，和一位「高能天體物理學」的教授在一起要聊些什麼？和一位教授「亞里士多德《詩學》」的老師在一起會有什麼話題呢？我們感覺似乎有一道難以跨越的鴻溝，隔在自己和這位飽學之士之間，心想，他們腦袋裡一定裝滿了凡人難懂的東西吧？這種差距懸殊的感覺，到了心靈的領域更是明顯，當平凡的我們圍繞著高坐在寶座上的「神聖」

人物時，幾乎要把他當成比我們更高等的生物了。當這一道鴻溝變得如此難以跨越時，「老師」與「學生」雙方面溝通的可能性就被斷絕了，在師生關係中，雙方都有被僵化的認知所固定的角色要扮演，一邊高高在上，另一邊是低低在下，一邊是無所不知，另一邊則是腦袋空空，卑微地請求著對方賜予智慧與加持。

在缺少真實的連結之下，師生之間的隔閡中充滿了各種投射與想像。學生們心想：「哇，這人被稱為『大師』，他的悟境一定深不可測，說不定已經成佛了……」我們在眼前這一位人類身上，投射許多自己關於「老師」的概念，也因為我們覺得這樣的大師所具有的智慧是自己遠遠所不及的，在我們心中，他開始變得有點像是神一樣。站在他面前會讓人有點害怕，我們開始覺得好像應該討好他，恭維他，對他言聽計從。然而，真正的尊敬不應該是如此，這也不是佛陀的原意，當佛陀說到老師時，他所用的說法是心靈「朋友」（spiritual friend），而不是「大師」，也不是個嚴厲的訓練員。

有時我們會聽到一些弟子說：「如果我這樣做或那樣做的話，師父會不高興的。」真的是這樣嗎？再想想。有些事是超乎我們想像的。我們對這個人的了解真的深入到可以預測他的想法與感受嗎？無論如何，修行的重點不是要去取悅任何人，而是要脫離無明，真正能完完全全做自己。所以，揣摩上意、投其所好不是一個正確的概念。相反地，我們應該好好檢視自己，仔細想想自己的動機，那麼我們就可以有把握的說：「是的，這麼做是正確的方向。」或者「不，如果我這樣做的話，會把我的修行搞砸的，毀了解脫的機會。」這才是比較明智的做法。

我們應該留意自己所使用的語言詞彙，以及這些詞彙究竟在我們心中造成什麼影響。現代西方世界中，我們所使用的那些取自異國語言的佛法用語，純粹是我們自己的選擇。我們選擇在教導我們，給我們意見的那個人身上安上「老師」、「師父」或「上師」的名稱，然而原始的佛教用語只是「善知識」：心靈的朋友。

一位真正的善知識應該具備兩個主要的功德特質。首先，他必須學有所成，具備廣大的佛法知識，同時對佛法的內涵有深刻的洞見。第二，他具有端正的德行（correct ethical discipline），因為那是一切佛法修學賴以維繫的基礎。這就是我們在修行的道路上所要尋找的老師，或者「盟友」。只有兩個條件，應該不難找，不是嗎？要讓自己具備這兩個條件，只要花上幾年或幾輩子即可。如果我們有足夠的福報，能找到這種真正的心靈友伴，他將會是絕佳的啟發者與指導者；而當我們已經準備好，能夠接受這樣的友誼時，似乎也顯示出這時的自己已經抱持更加認真的態度，看重自己的修行。

這樣的友誼將讓我們的修行完全改觀。與這位善知識之間的關係，可能是我們第一次對一個人真正打開自己的心，第一次對一個人完全坦誠真實。這是我們與另一位人類之間建立的重大關係，這段關係可能成為帶領我們進入廣大世界的大門，引領我們真實見到並擁抱人類的形形色色與各種面向，包括我們自己在內。由於它是這麼重要，我們應該深入瞭解，為自己帶來一段真實的師生關係。

當善知識變成 CEO

善知識是一位你可以把他當作朋友的人，而不用把他當成一個權威人士、頂頭上司或是公司裡的執行長（CEO）。你可以和他討論你的修持，分享你在修行上的經驗，而他可以提供你實用的建議與指導，成為你這趟旅程中有力的支援。這一點是我們需要瞭解的，因為，坦白說，現今許多藏傳佛教團體，特別是西方團體，常常缺少了這一環。所以我們必須回顧「心靈友伴」的原始意義，讓這種特質重新展現出來。

觀察西方佛教團體的發展，我們會發現它們的組織架構和運作方式比較像是一家公司。某種程度上，這樣的運作方式的確很有效率，也符合法律和財務管理上的需要，畢竟社團式的佛教小團體已經是過去式了。但這也就表示，團體的領導人或主席，常常就變成團體中的教導者，就像過去寺院裡的主要教師是方丈一樣。也就是說，領導者除了要給予修行的教導，還得花心思管理團體的運作、專案的進行、會議的召開、指定主管、分派志工……的確，這是個修練覺察力與慈悲心的好機會，但小心其中也有許多陷阱。

現在，你的佛法老師是不是變成你的老闆了，規定你什麼時候要交出報告或預算表？或者你的老師現在成了大公司裡的員工，必須執行專案為公司製造營收，進行友好訪問，或在董事會上回答問題？善知識一旦變成執行長，工作成效如何就成為觀察的重點，如果組織不賺錢或市占率下滑，或學生老是不開悟，大家只好把善知識開除，就好像把一個執行長踢出營運不佳的公司一樣。如果情況演變成這樣，如果法座變成總裁的高背椅，溝通與交流變成報告、談判，那麼，這一切當中還有友誼的蹤影嗎？

朋友之間不會一直談公事或解決問題，朋友之間需要一些開放、放鬆、廣闊的感覺。和朋友出去喝咖啡，我們不會一坐下就開始談合約、敲時程，我們單純只是喜歡和朋友一起喝咖啡，享受彼此相伴的感覺。和朋友相約到小酒館，我們單純只是喜歡和朋友喝一杯。當然，該談公事的時候還是要談，但事情總有開始和結束，一旦談完，就放下。接著當我們與朋友討論自己的修行與生活時，我們知道對方會全神聆聽，付出全部的慈悲關懷自己；而當這樣的討論結束，一樣的，放下它。

如果不懂得放下，全年無休地強迫朋友聽你傾吐公事、私事，那也不失為一個「趕走朋友」的好方法。如此一來，朋友之間不再有真正的交心，只有合約、交易以及「你不知道我生活有多不順」的哀嘆。在一個健全的朋友關係裡，沒有人會一直談自己的需要和問題的。太過自我中心，得到的結果會適得其反，所得到的將不是朋友的支持與好建議，而是朋友因為受不了而開始躲避你。打手機給他，沒人接，打到家裡，沒人接，寫Email，也沒人回。

雙向道

在與善知識的關係中，每個階段的友誼代表著什麼意義，這是我們必須知道的。修行與世間的生活不是對立的，老師與朋友之間並無天壤之別，每一位老師都是人類，沒有一位從來不需任何事物，沒有一位不會感受到快樂與痛苦。從佛陀的時代到今天都是如此。因此身為朋友，彼此必須盡可能真摯地幫助對方。對方需要幫助的時候，我們總是在那裡，盡朋友的責任，盡一己可能提供幫助。友誼不是單行道，而是一條雙向道，彼此都要為對方著想。

將佛法的老師視為我們的友伴，這樣的觀點應該發自內心，而且是不造作的，不是強迫自己想出來的一個念頭。如果我們能把對方當成朋友，就卸下了彼此之間的藩籬，兩人之間的那道鴻溝再也沒有存在的理由了。在我們覺醒的心中，由於善知識的幫助所生起的力量，將得以順暢地產生作用，這樣的友誼關係中，學生將可以得到利益，因為我們可以依賴這位善知識，增長了悟與正面的特質，而他也會真誠地指出我們的盲點與自我欺瞞。簡言之，善知識可以說是喚醒我們覺醒潛能的最根本因素，因為他在修行之道上引導我們方向，為我們說明法教與修持的方法，同時他本身也是一個模範，讓我們看到一個人如何能夠以真實的面貌，一無所懼的願意為別人的迷惑而努力。

不管你和善知識之間是每天相見，還是難得一見，每一次的會面，都可以是一次親密而直擊心坎的經驗。當你敞開心門，邀請這樣一位不平常的人物進入時，也許會有片刻感到恐慌，因為你發現所有先入為主的預設概念都飛出窗外了。但是沒關係，這就是了，覺得有點赤裸，有點懷疑，有點沉醉，心想：究竟這個人是你心目中想像的那位圓滿的佛，或只是個瘋子？或者更糟糕的，只是個平凡的傢伙，一點也沒有特別之處？我們會有各式各樣的念頭，但那都不是什麼大問題。這位心靈友伴甚至會刻意煽起我們的懷疑與問題，直到我們超越認定「什麼是真實」的狂亂心念。最後，尋找這位善知識的真實面目，變成尋找自己真實面目的一個方法，我們是佛？是瘋子？或是平凡人？這位心靈的友伴如實地映照出我們的希望與恐懼，直到我們見到自己的真實面目，和真實的心。

表達敬意的方法

在這樣一位善知識面前，行為舉止該當如何？當然，我們可以仿效別人，跟著別人做動作，站起來、坐下、鞠躬，或者禮拜，說話，或者當大家安靜時，安靜不說。這是一種學習傳統禮儀中，對老師與佛法如何表達敬意的方法，適用於某些場合，特別是在有著佛像與佛經的殿堂之中，我們與同修法友共聚一堂，感覺身處於神聖的氛圍中，於是我們合掌於心間，低頭頂禮。這是我們自然就會的，不需要說明書。但如果是在公共場合和老師見面，例如星巴克咖啡館，說聲哈囉或者握握手就夠了，除非你想向星巴克的創辦人和顧客們表達敬意，或是想表現出你對他們的咖啡和可頌麵包的品質具有很大的信心。

在善知識面前的舉止並不需要很正式，也不用很複雜。就算你強迫自己學會所有表達虔敬的禮儀，但如果在這一切頂禮與禮拜的動作後面不帶真實感情，那麼，它們也只是一些空洞的姿勢，毫無意義。然而如果你自然就對這位心靈友伴感覺到一種感謝、喜愛與信心，那麼，你的虔敬會自然而然地流露而出，不用刻意表現出尊敬的樣子，或者擔心不符合傳統的規矩，你所在之處與所有的一舉一動就會自然顯露出你的尊敬。不管你是直直地站著，或是簡單地鞠躬，就具足一切了。但如果你並沒有一種自然的信賴感與感謝、喜愛的感受，那你也許真的需要一本「禮儀手冊」，一本凡事都教你怎麼做的傻瓜指導大全。

另一方面，也許你也可以放鬆即可，做你自己，然後靜觀其變，看看會發生什麼。

佛陀曾經教導我們，在解脫之道上，心靈的友伴對我們很有幫助，我們的旅程將因此而改變，變得更有力量，更鮮活動人，同時也更有趣，我們共同站在通往自由的道路上，不管未來要走的是熟悉的道路，或是奇怪的地形，或是嶄新的風景，我們都不孤單，我們有嚮導，也有可以信賴的夥伴。越往前走，我們就越感到覺醒，越覺醒，就越感覺到自己終於成為真實的自己，而當那決定性的一刻來臨，一切都將不同以往，再也回不去了。一旦超越了自我，就會發現無我的愛與悲憫那無與倫比的巨大力量。無論在何處，一切都如此美好，因為心是如此美好，而這，就是所謂的覺醒之心。

第11章

從祈願到行動

任何慈悲的行為，一旦注入「覺醒之心」的見地，就化為清淨的行為。
意思是，這行為之中不再有緊抓不放的「我」，
不再都是關於「我、我、我……」的考量。
這讓一個平凡的行為，變成一個「超凡的行為」。

西藏有句諺語：「嘴裡說的，就是手上做的。」意思是一個人不只是會說，而且付諸實行，也就是我們說的「坐而言不如起而行」（walk the talk）或是「不要光說不練」（practice what they preach）。

把慈悲的修持與利他心積極投入生活中，有兩個階段：首先是生起一個想要這麼做的動機，一個強烈、清楚的動機，就像是長久以來一直思索著同一件事，最後終於得到結論，而這裡我們所思索的是：究竟我們有多認真看待這件事？究竟我們願意投入多少？這可是個大問題。一旦下定決心，決定這麼做，這個承諾就會成為我們生命的一部分，深植心底。這是第一個階段。第二個階段，我們開始盡一切所能將心中的祈願化為實際行動，以免祈願只是空話。那麼，該怎麼做呢？首先，我們必須先覺醒，如此才能幫助別人覺醒，如果自己還在沉睡，就算同寢室的其他人正在經歷一場可怕的惡夢，你也很難把他喚醒。

把祈願化為行動，這樣的轉變就發生在每天的日常生活中。我們開始把一些自利的習慣，改變成對別人有利益的行為與話語。也許只是一些小事情，但重要的是我們開始行動了。我們不能只是坐在那裡等待良善的動機自動轉變成善行，如果只是滿足於這樣的信念：「有一天，我一定會成為一個很慷慨、自律的人，然後就會去幫助別人。」這無異於天方夜譚。與其幻想那一天的來臨，你可以開始把想法化為行動，只要一次踏出一步，然後把那一步一再重複。當你的想法改變，你的行為也會跟著改變，而當你的行為改變，你的想法也會開始改變，如此反覆進行。

不過，不要貿然嘗試太過困難或野心太大的事情。從有把握的事情開始，慢慢來。很奇妙的，有時我們的願望反而會成為挫折的來源，如果做出太超過自己能力的事，可能會有灰心氣餒、信心盡失的危險。我們可能會開始覺得，這樣神聖的心願根本不是凡人所能負荷的，然後很可能轉而用同樣邏輯看待整個修行之路，心想：「天啊，這根本不適合我。」然而事實上，問題只不過是你的某些方法還不夠善巧而已。

不要吃比你的頭還大的東西

有一次我和朋友在亞洲某家餐廳用餐，朋友中一位飢餓的喇嘛點了一客大漢堡，雖然點餐的時候，他就知道那是個大漢堡，只是沒想到那、麼、大！漢堡送來的時候，大家一看，簡直大得不像話。真的是超大的一個漢堡，我從來沒看過像那樣的東西。這時候一位西方人從桌邊走過，對那位喇嘛說：「不要吃比你的頭還大的東西。」同樣的道理，在修行的路上，不要嘗試太超過你能力範圍的事。

我們可以從自己家中或是朋友之間開始慈悲的練習，然後延伸到朋友的朋友，再慢慢擴展到每一位遇見的人。當然，心願要廣大，但實際的做法必須一步一步來。比方說，一次布施的行為，並不會解決全球的貧窮問題，如果你有一百塊，你沒辦法分給全世界每個人，但是當你面前有那麼一個人真的很需要這一百塊錢的時候，你可以給他。這一百塊可以讓他吃一碗麵，解除他的飢餓以及絕望無助的感覺，就算只是暫時也好。這即是所謂的「布施」，以這樣的方式練習布施，不但是個人能力所及，也是實際有幫助的行為。

六種「超凡」的行為

佛陀是出了名的善於根據座前弟子的心態、性情與興趣給予教導，開示他們能力所及的教法，我們可以模仿佛陀的這種教學風格，引導自己進行慈悲的練習，從符合自己的興趣、能力與資源所及的範圍內做起。

某方面來說，慈悲的練習其實是相當平常的事，我們所做的只是生起大多數社會都認為是良善而道德的心理素質，只不過，現在要進行的練習有那麼一點兒不同——除了所謂的「行善」以外，我們還要將它結合另一樣東西，也就是「二無我」的見地。先前，當我們練習「十善行」之時，正在試圖了解自己的「無我」究竟是什麼意思，而如今我們已經要以「覺醒之心」的觀點來行善，之所以加上「觀點」兩個字，是因為那還只是我們努力朝向的目標。

練習以這樣的觀點行事，你開始改變對於「自己」和「他人」這兩者的慣常認知，「自己是宇宙中心點」這樣的感覺開始減弱，你超越了自我，降下了防護網。當你向別人伸出友誼之手時，心境是完全開放的，你可以展現真實的自我，而不懷有任何企圖。這意思就是，你不把他人視為修行路上的附屬品，或是你「修慈悲」這偉大計劃的一部分。你不在別人身上貼任何標籤，也因此，你必須接受他真實的樣貌，與他相處。

很重要的是，要記得，我們並不是要創造出一個「無我」出來，並不是說本來有一個真實的「我」，然後我們用法術點石成金，把它變成空性。此時此刻，你我自然的本性就是「無我」的，而培養無我的見地，只是讓我們學習如何以符合真實本性的方式行事，一旦練習純熟，我們將會認出無我原來是我們的真實面貌。這不是一個新的「我」，新的「他」，新的「世界」，這只是褪去了我們那些慣常投射的無謂執著之後的寬廣世界，一個本然自由解脫的世界，其中有愛與慈悲的無盡泉源。

任何慈悲的行為，一旦注入「覺醒之心」的見地，就化為清淨的行為。意思是，這行為之中不再有緊抓不放的「我」，不再都是關於「我、我、我……」的考量。用比較傳統，比較哲學化的術語來說，就是「沒有我執」。然而，在這之前，首先我們必須先能看清楚自己的緊抓不放、自己的執著，所謂看清楚，不只是看到執著本身，而且要看清楚「執著」它剎那剎那變化的本質，它不是一個連續不變、堅固實在的東西，「執著」只是一剎那一剎那連接起來的東西——如果你讓它連起來的話。每當我們想起這一點，我們就可以放鬆，放開執著，放它走。正因為我們可以這麼做，所以「真正的給予」成為一件可能的事，真正的對別人好成為可能的事，真正成為別人最好的朋友成為可能的事。覺醒之心的見地，適合注入我們的所有行為與一切的練習之中，它讓一個平凡的行為，變成一個「超凡的行為」（transcendent action），或者說，一個「無我的行為」。

轉化平凡的行為成為超凡行為的方法（也就是生起覺醒之心的方法），主要應用在六種行為及其六種心境之上。其中某些部分前文曾經介紹過，但現在我們要特別將六者放在一起練習。這六種行為是：布施、自律、安忍、精進、禪修與智慧。[1]當我們以覺醒之心的見地投入這六種行為的修持，我們不再只是停留在「非交戰區」中想著「我應該走出去」，而是實際投入「戰場」，這時我們才會發現之前的準備功夫有多重要，這時我們才能測試在真實的憤怒、嫉妒、貪慾及傲慢的砲火之下，自己的本領到底如何。當與眾人相處成為修行的一部分時，狀況升級了，因為我們要處理的不只是自己的心理問題（neurosis），還要處理別人心裡投射過來的麻煩事兒。

因此這是真實的測試，測試自己到底有多麼認真看待這件事，測試自己的底線到底在哪裡。如果你想幫助的人反過來攻擊你，你還能保持利他的動機嗎？當我們卸下武裝面對別人的批判，感覺弱點畢露時，會不會故態復萌地先發制人？我們所面對的不是一場一戰決勝負的戰役，而是每天生活中點點滴滴平凡事件的挑戰，它們測試我們的勇氣，以及無所畏懼敞開心胸的意願。我們永遠可以信任自己的叛逆佛心，相信它會帶領自己超越慣常的反應與猶疑退縮，雖然有時成功有時失敗，但是只要我們一直回到最初的發心、最早的初衷，那就是「超凡」練習的要點。

1 布施、自律、安忍、精進、禪修與智慧：這六種行為即是佛教傳統所說的「六波羅蜜多」也就是：布施、持戒、忍辱、精進、禪定、智慧，簡稱為「六度」。

1 超凡的布施

通常，不管我們給予別人什麼，整個過程都帶有強烈的自我意識摻雜其中，我們感覺到有一個給予者，也就是自己，有一件給予的行為，還有一個接受饋贈的人。在一個單純給予的行為中，就包含了一大堆的概念和執著，其中有一種想要被確認是「施予者」的願望，似乎在說：「瞧，是我，我把一個東西給了你。」然而，如果整個過程中我們都能運用覺醒之心的觀點，「給予」就成為放下這一切概念的練習。「給予」因此能夠成為真正的「給」，一種真實的慷慨，一種無我的施予。

重點是不要評斷自己的行為，也不要評斷別人的行為。給予的時候，就只是給，不用想：「我這樣給適當嗎？我這樣的感覺對嗎？我這樣算是一個好人嗎？」所有這一切「我這樣……」的想法才是問題所在。「布施」之所以能夠「超凡」的要點在於毫無保留的給予，沒有任何的自我意識或憂慮。事後批評自己，擔憂別人的反應，這樣的布施不是純淨的；而只是充滿希望與恐懼的世俗心態，覆蓋著舉止得體的外衣。另一方面，萬一接受施予的對方心中充滿責難，對你的付出充滿各種負面的想法，那並不是你的問題，你的責任只是施予，只要是以開放、無我的心付出，那你的布施就是圓滿而純淨的。

「超凡的布施」單純只是願意敞開心懷，在需要的時候採取行動，沒有任何哲學或宗教的理由。只是因為看到有人需要，所以你願意分享自己的財富，自己的快樂，或自己的智慧，你也願意分擔別人的痛苦。而當你付出的時候，你是有覺察力的，讓自己所給予的事物是合適而有幫助的。有些行為並不是布施，比方說，給富人財物，給孩子飲酒。另外，你的給予不超出自己能力所能負擔，不會危害到自己的健康與平安。但同時你應該把你所珍愛的、因為執著而難以割捨的東西布施出去。

另外一種布施，是保護別人免於恐懼，為不安與恐懼的人們提供物質與心靈上的幫助。也許只是平靜的在人們身邊，傾聽他們的心聲，舒緩他們的恐懼。也許是在冬天為寒冷所苦的人們提供溫暖的住處。當我們能以任何方式保護人們或動物免於傷害，這就是所謂的「無畏施」（generosity of protection，給予保護，令其無畏）。有時我們也許能提供醫藥，使人們免於病痛的恐懼；有時也許我們所能給予的是溫柔陪伴、照護與心靈的關懷，讓瀕死者免於死亡的恐懼。

這種種以開闊的心靈所做的行為，是何時何處都可以做的，可以是在搖滾演唱會現場，也可以是在巴士上或屠宰場，誰知道呢？覺醒之心的觀點可以用在與所有人的互動之中，包括與自己在內。有時我們跟自己說話的方式，彷彿是在對待另一個人似的：「你這傻瓜！怎麼會這麼笨呢？」這個被我們責怪的「傻瓜」，也同樣可以從溫暖的善意與開闊的胸懷中得到利益，就像其他人一般。當我們努力地想要幫助別人的時候，永遠別忘了，也要對自己寬宏大量一點。

2 超凡的自律

以覺醒之心的觀點來練習「自律」（discipline），關鍵在於對自己的行為及其對別人造成的影響，保持著一種覺察力與覺性。我們要特別注意的是憤怒與惡意的生起，並阻止它們繼續坐大；如果能在憤怒生起時馬上就逮到它，以覺察力守住它，那就好像是叛逆之佛攔截到一記快攻傳球，阻止了對方球隊一次達陣成功。我們不讓自己的憤怒延燒到把我們惹火的那個人，也不讓它殃及周遭的無辜者；就算做不到，至少也緩和了憤怒的衝力，為自己爭取到一點時間，讓自己可以放鬆執著的心，回到開闊的心境。一場可能被挑起的戰火被避免了，相反地，我們在這局勢中注入一種幽默的氣氛，或幾句友善的話語。觀點的改變，不只為你，也為別人帶來一種鬆了一口氣的解放感。而布施的練習在這裡是很有幫助的，因為它在我們心中生起一種想要給別人快樂，想要保護別人免於傷害的願望。當我們不受憤怒的控制時，不但保護了別人免於受到我們怒火的傷害，也讓他們免於捲入他們自己的怒火之中。以這樣的方式，我們可以同時練習布施與自律。

3 超凡的安忍

通常我們認為「安忍」（patience，忍耐，耐心）是一種「吞忍」，願意容忍人生中一定限度的痛苦與挫折。然而當我們以覺醒之心的觀點來練習安忍時，我們超越了「忍氣吞聲」和「咬緊牙根」。安忍的意思是：我們不隨一時衝動貿然做出反應，相反的，我們對於眼前的狀況感到好奇，願意花點時間看清楚現在到底發生了什麼事。當人們因為自己的問題責怪你的時候，你願意花時間感受他們的不滿，瞭解他們因為失望與沮喪所受到的痛苦，因此你不但不感到怨恨，反而可以給予諒解與鼓勵。與從前不同之處在於，現在你的第一個念頭不再是自己受到多大的羞辱，或是不公平的對待，而是關懷著彼此都同樣感受到的痛苦，想著如何才能解除這痛苦。當我們的安忍受到挑戰的時刻，我們必須憶起「自律」練習中的覺察力，撫平自己的不耐煩，幫助自己明察眼前這件事的每個環節是如何作用著。

另外一種安忍，是當我們努力想要幫助別人，但對方卻不領情時，我們不因此而氣餒。例如，借給表哥一千塊錢，他卻抱怨不是兩千。教朋友怎麼禪修，一個禮拜過後他卻還沒開悟，真讓人洩氣。我們需要耐心。包括對自己禪修時感到的身心不適，也需要安忍，也許是忍受膝蓋的痠痛，也許是忍著不去看最新一集你最喜歡的電視影集，或忍住不去開電腦，檢查一封「真的很緊急」的電子郵件到底寄來了沒有。或者是更重要一點的安忍──忍耐面對甚深的無我實相時，所可能感受到的不安。

就在我們快要失去內心的平衡與動力的緊要時刻，「安忍」有助於我們維持穩定、正面、開放的心。

4 超凡的精進

通常我們認為所謂的「精進」（diligence，勤勉）就是做苦工，不管是身體或心理上，都有一種揮汗如雨的感覺。另一方面，精進也讓人覺得是要「當個努力勤奮的好孩子」，不達目的決不放棄。然而在修行之道上，「精進」並不表示我們必須打坐好幾個鐘頭，接著拎起吸塵器打掃禪房，然後再出去分發食物給街友……一天之內全部完成。「超凡的精進」意思是以一種喜悅與珍惜的感覺，去掌握任何可以禪修、可以練習的機會。也就是說，精進是一種能量，讓每件事情得以發生的力量，就像風一樣，它是一股讓我們繼續往這條道路前進的驅動力。而這股能量從何而來呢？它來自每當我們修行有所進展時的那種歡喜受用（enjoyment）與滿足感。

精進主要的障礙是什麼呢？想當然爾，是懶惰，缺少能量的狀態。「懶惰」這件事的問題在於它佔去了太多時間了。想想看，四處找樂子和發呆，要花去多少時間？然而到海邊度個假或者和朋友出去玩，這些事本身並不是問題，問題在於我們對這些事的執著。我相信「海灘」這個意象在人們心中出現的頻率，比實際到墨西哥海灘度假勝地的人潮還多。「懶惰」還會以其他不同的面貌出現，例如執著於錯誤的思想，或不好的朋友，或是認定自己缺乏繼續在修行之道上前進的能力。另外一種懶惰的陷阱，就是讓自己一直很忙，忙個不停，以至於根本排不出任何時間修行。因此，在剛開始的時候，一些正常的努力的確是需要的。

然而，等到我們稍微破除自己的習性之後，喜悅的微風便開始迎面拂來。當風勢逐漸增強，我們便會越來越感到歡欣鼓舞，因為我們知道，不管發生什麼，自己都不會失去對修行之道的那種喜愛、感謝與熱忱。在這之後，我們所做的一切就像是航行在廣闊的大海上，毫不費力。用力駛離海岸，讓風鼓滿船帆的工作都已完成，現在唯一所要做的只是將手繼續放在船舵上。

5 超凡的禪修

這裡的禪修練習，與先前所介紹的「止」「觀」禪修練習沒有太大不同。「止」與「觀」的禪修讓我們的專注力與心智敏銳度穩定地增長。由於先前我們已經相當仔細討論過這兩種練習方法，所以不需要再介紹一遍。然而此處禪修的力量更強大了，因為我們把覺醒之心的觀點運用在禪修中。

現在，當我們看著自心的時候，已經不再像是和一位剛認識的朋友去咖啡館，一起喝杯甘菊茶，傾聽彼此的故事。這樣的練習以前已經做過，我們早已和「心」交上了朋友，如今我們要做的是超越念頭和情緒的層次，直接看到心的真實本質。

這時，我們可以去請求善知識傳授「如何直觀自心」的特別禪修教導，就像去咖啡館吧台跟咖啡師傅說：「來杯濃一點的吧，摩卡或瑪琪朵都可以，只要能把我喚醒的都行，我已經準備好了。」於是，善知識傳授的教導會為你的禪修注入一股能量，就像濃縮義大利咖啡一樣，把你喚醒，你將見到前所未見的、澄澈、輝耀的覺性，也就是心的真實本性。在這種層次的禪修中認出自己的覺性，就像是從一場夢中醒來一般，在這之前，你一直被自己慣性想法所創造出來的夢中顯相所愚弄，隨著這些顯相逐漸消融，你領悟到：「喔，原來只是一場夢，現在我醒了。」

我們開始探索這廣闊與喜悅的境界，而禪修的練習成為更深入這境界的方法，它是讓我們覺醒的方法，讓我們醒來，在空性的體驗中照見燦爛光明與周遍的覺性（panoramic awareness）。最後，在某個階段，你將有能力在任何時間、任何時刻——不管是坐在電腦前、去接小孩放學，或是坐在朋友的病床邊，都能契入那覺醒的境界，而不必直挺挺地坐在禪修墊上。到了這個時候，除了保持覺察力以外，在任何狀態下你所需要生起的只有慈悲的心念。

6 超凡的智慧

與其說「超凡的智慧」是一種練習的方法，不如說是前面五種練習所帶來的成果。此時我們領悟到了「二無我」的實相，或說是「空性」的實相，而當這樣的了悟降臨時，是不帶任何的概念與言語的，這是一種直接的領會，一種切身的經驗。最初我們對「空性」只有短暫的一瞥，後來慢慢有一些來來去去、時有時無的體驗，最後我們終於得到完整的體驗，我們終於懂得什麼叫「當下」，什麼叫「寬廣」，以及其他所有一切。在這一刻，所有對於「無我」或「空性」的不安與恐懼都消融無形。那是一種輕鬆自在的體驗，如此自由，如此喜樂，充滿了無限的愛。那是一種「絕對」的體驗，絕對的清明，絕對的完整，決定無疑。這越來越周遍一切的空性體驗被稱為「滿懷慈悲的空性智慧」（emptiness with a heart of compassion），前面五種「超凡」的練習都是為了幫助我們做好了悟空性的準備，由於那些練習，我們學會如何放下執著，如何生起一顆強大的慈悲心。而其中對我們影響最大的是禪修的練習，禪修是令我們生起「勝觀」（superior seeing）而達到此領悟的最直接因素。禪修是讓了悟得以無思維、離言說地生起的苗床。

到達了悟的階段，我執、自我中心的想法和行為都失去了存在的空間，完全無我，同時也完全慈悲。無論從哪一面看，無我或慈悲，兩者實在沒有什麼差別。就好比我們無法分別水是流動的或溼潤的，火是明亮或灼熱一樣。我們就像第一次嘗到糖果的啞巴，滿滿的滋味卻沒有言語或動作可以表達。這時你已經得到究竟的體驗，該是覺醒的時候了。

目的地到了嗎？

現在是提出以下問題的好時機：「我的修行進展得不錯，現在我的生活覺得相當滿足而且快樂，那麼，這心靈之旅的後續還會如何呢？」

是的，我們已經把自己拉出痛苦的泥淖，我們受過良好訓練的心現在很穩定，情緒的熱惱再也不能束縛我們，所有的善行都已實踐，現在我們的心既開闊且寬廣，我們覺得自己已經到達安全地帶，只要繼續下去，有信心一定會到達目的地。儘管如此，我們卻不再急著趕路，因為旅行的過程本身就是非常享受的事。

但英文有句老話說：「杯到嘴邊還會灑。」意思是說就算手裡已經握著酒杯，但在真正喝到酒之前什麼事都可能發生。本來還在想著「現在要來好好品嘗這杯美酒」，結果一分心，自己絆了一跤，酒全灑了。所以就算很接近目標，還是不等於抵達目的地。

就像是傳奇故事裡英雄的遭遇，或是佛陀的故事裡所敘述的，最大的考驗常常是在我們快要達成目標之際來臨。考驗我們什麼呢？考驗我們是不是貨真價實。我們真的是像自己所想的那樣有所了悟嗎？如果不是的話，執著與錯誤見解會以各種形式悄悄溜回來，如此一來我們將失去空性的見地，而且造作出更多概念，結果是形成一個新版的「自我」，一個更細微、更難察覺的自我。由於我們對空性的概念是如此強烈，已經習慣把每件事物貼上無我的標籤，因此現在反而被自己騙了。因為就算（對空性）有正確的概念與理智上的瞭解，也無法與了悟畫上等號。事實上，我們以往的成就與造詣反而可能變成一個「靈性的自我」的溫床，而這「自我」的展現就是傲慢，以及對於這個「善妙的我」的執著。

諸事順利的時候，也許我們有很好的空性體驗，覺得快樂極了，有一種日子過得很有意義、很有目標的感覺。一旦諸事不順，什麼空性？簡直是爛透了。各種疑問此起彼落，我們心想：「真是夠了，老師教的這些簡直是鬼扯。空性？哪裡空了？我的痛苦這麼真實，這麼強烈！」這種起伏波動的體驗我們稱之為不穩定的覺受。某方面來說，它是不可靠的，但如果善加利用，它仍能增進自己的領會，為自己找出正確的方向。

每當修行有突破性的進展，或是美好的覺受時，的確是令人歡欣鼓舞，對未來的進展也很重要，但是許多故事都告訴我們，偉大的修行者常常會因為把證悟前的徵兆當真，因而受騙上當。

從前西藏有一位了不起的修行者，有一次他在洞窟裡禪修空性時，把手放在地上，下座的時候，他發現自己在石頭地上留下一個凹陷的手印。一個手印！這在西藏是人盡皆知的徵兆，代表這個人已經了悟了。一時之間，這位修行者的成就深深感動了自己，他心想：「啊，我了悟空性了。」接著又想：「嗯，要是能讓弟子們都看到，那不是更好嗎？他們一定會大吃一驚的。」於是第二天，他把弟子們都叫到山洞裡一起禪修，禪修結束的時候，為了在地上留下手印，他猛力往石頭地板上一拍……結果手印沒有出現，倒是出現了一個紅腫的手掌。

有時我們也許會有一些類似於了悟的徵兆，但那只是暫時的，有徵兆的確很好，但如果執著於這些徵兆，把它們當成真實的事物，那我們可能會像過去許多禪修者一樣被它們矇騙。因此，生起空性的體驗或覺受之後，不要執著，讓它逐漸地穩固，直到臻至完全的了悟。執著於覺受只會讓我們不再前進。想一想，我們要的只是一點美妙的感受呢？還是要完全的覺醒？這完全是自己的選擇。就修行之道而言，在閃耀萬丈光芒的體驗之前，必須先超越一些小小的火花。這就好像當你沒有火柴，而必須敲打石塊來生火一樣，剛開始的時候，兩石相擊會迸出很多火花，如果這些火花就讓你目眩神迷，你可能只會繼續不停地一邊敲火花一邊喊：「哇，你看！你看！」火花當然是很漂亮沒錯，但是如果只停留在「哇！」的階段，永遠也沒辦法煮水泡茶。同樣的道理，如果一些領悟的閃光與空性的一瞥，就讓你覺得目眩神迷，那麼了悟的火焰永遠也無法點燃。無法將你的體驗加深，火也就點不起來。

甚至連過往所累積的知識，如果我們引以為傲，也可能成為執著的來源。「瞧，我知道的事可真不少，不是別人隨便比得上的。」我們開始有點志得意滿，自負起來，而自負是很難放下的，因為這種感覺不錯，而且一點也沒有傷害到別人啊，不是嗎？在修行的道路上難免都會有洋洋自得的情況，事實上對於自己的成就感到驕傲也是應該的，只要我們願意放下自己的傲慢，過往的成就可以成為鼓舞自己繼續往前推進的動力，然而，如果無法放下傲慢，「自我」又會回來築巢，它會為你蓋一棟靈性的殿堂，附設頂樓陽台、娛樂室、游泳池……創造出一個讓你流連忘返的天堂。

避免「卡」在此處停滯不前的方法之一，是不要訴說太多修行的覺受，不管是對別人說，還是對自己。與善知識討論或與可信賴的同修分享覺受是有益的，但只要一兩次即可，不要太多。「卡住」最常見的原因，是在腦海中不斷回味自己的體驗。因此，如果你要的不只是「行善」，而是準備好要生起所謂的「充滿慈悲的空性智慧」，那麼，在某些時候，刻意的加把勁，才能夠走得更遠。

對於善行的攀執，是另一個同樣強大的執著來源。當「善行」的概念在我們心中變得如此根深柢固時，要放下認為自己是一個「好人」的身分認同，是有點難度的。畢竟一路走來，我們所做的一切已經讓自己變得夠好了，事實上，是太好了，在這充滿迷惑與衝突的世界上，我們已經算是個正面思考專家，解決疑難雜症的專業人士，而且完全不求回報，也不希望人家知道。危險之處就在於我們可能太過於執著於自己所做的善行，因而認定自己就是這樣的人。當慈悲脫離了空性，結果就是創造出另一個堅實的、二元對立的自我認同，而我們的善行變成只是世俗的「好事」。這樣的「好事」對世界還是很有貢獻的，不過卻有其侷限，而我們的目標是無限的慈悲，是超越了標籤的美德。

另外一個陷阱是「滿足於現況」。有時我們與自己的迷惑相處融洽，這迷惑是如此熟悉，以至於它所造成的問題感覺不是那麼嚴重，所以我們懶得從自己那舒適、安全的小窩爬出來，去處理自己最根本的執著與二元的觀點。「長遠修行直至證悟」這樣的說法聽起來是不錯，但只是個浪漫的理想。有時我們會因為讀到一些歷史人物的生平，例如印度偉大瑜伽士帝洛巴與弟子那洛巴的故事，而驚嘆：「哇，多美麗的故事，真希望我也有一個像這樣的上師。」說的容易，尤其是當你躺在舒適的沙發床上，倚著柔軟的靠枕，床邊可調式的照明燈以最佳角度將光線完美投射在書頁上，而且旁邊還有一杯冰啤酒的時候。很多人跟我說他們因為讀了這些傳統故事而感到歡欣鼓舞，奇怪的是，這些故事描述的大都是弟子如何在上師的指示下承受一些難以忍受的苦行，以及現代人所謂的「精神折磨」。儘管如此，我們還是希望能追隨一個像這樣的已證悟人士，想像他一彈指就可以讓我們覺醒。其實我們真正的心聲是：真希望讀一讀這些故事就可以覺醒。那洛巴他們為了得到自由而經歷的艱苦與壓力，我們其實並不想承受。

到了某個時刻，我們必須真正地跳出自己舒服的小窩，不再只是幻想解脫之道的種種，而是真實地踏著它前進。這是一段成長的過程。當我們還是小孩，天馬行空的幻想是我們的天性，小孩整天都在想像冒險故事，直到有一天他們真的出發去冒險為止。他們幻想著建造機器人，幻想著飛到火星去。然而修行真要產生效果的話，我們必須停止對這條道路的種種幻想，而去面對它的真實面。

佛陀告訴我們，不管是在這條道路的起點、中間或終點，我執都會現身與我們相見。當其他一切都已被我們轉化，只差「點一下滑鼠」的功夫，我們就可以進入完全解脫之境，在這之前，我們還殘留著最後一些微細層面的執著。執著於此而不跨出腳步，就無法趨入真實的無我。就我的經驗來看，這時似乎需要有人推我們一把。

第12章

搧風點火的心靈特派員

我知道，該有的條件我都具備了，
我知道終有一天可以自己走到目的地，
但是我請求您，幫助我早日到達，
請使用一切您覺得有效的方法把我喚醒。
甚至，如果我自己不肯縱身躍向覺醒，
你可以抽掉我腳下的跳板都沒關係，我完全同意。

旅程到達此時，我們的基本重點在於超越我執的最後殘痕。這執著是如此的微細，幾乎難以察覺，但影響卻相當巨大，我們仍然被自我的認同所束縛，不知如何越過這道最後的障礙，這道障礙就像一條清楚的界線，標示出兩個國家的疆界。疆界這一邊的我們，是概念之國、文化之邦的榮譽國民；另外一邊則是異國，一個沒有概念與文化的領域，從一些故事裡，我們聽說那是一個神祕的國度，只有真正置身其中才能窺見其奧祕，現在怎麼辦呢？是該留下來，還是跨過去？另一個國度近在咫尺，眼看只有一步之遙，我們卻似乎難以做到，是什麼東西阻攔著我們？

過往我們曾對自己提出許多問題，也從中得到許多智慧，但我們發現如今心中仍有一個最後的問題、最後的疑惑：放下對於「我」的執著，到底是什麼意思？我們就是不明白，也不可能明白，除非真正去實行。是的，我們願意憑著信心縱身一躍，跳過那道疆界，不過有個條件：讓我們先試跑一遍，而且要綁著安全彈力繩或降落傘，最好是有人牽著我們的手，陪我們一起跳。我們就像格林童話裡的小兄妹「韓賽兒與格雷特」（Hansel and Gretel），想要沿路撒麵包屑，萬一到了那個無我的廣大世界覺得不喜歡，還可以找到路回家，回到那個熟悉的自我懷裡。

事實上，出發去探索這最後的奧祕，其實是一趟回歸心靈本初狀態的旅程。原本我們以為自己是要到一個遙遠的地方去，自由與解脫就在那個地方，然而事實上這趟旅程卻是要將我們帶回到最初的原點——當初我們就是從這兒離家，迷失在概念的叢林。雖然我們因為離家太久，已經不記得家的模樣，但它確實是心靈的故鄉，我們渴望回去的地方。

在這個關頭，我們所需要的是有人為我們的心靈搧風點火，讓內心的攀執消融到一個程度，足以讓我們縱身躍出。而這個工作的最佳人選，就是我們的善知識，他是我們熟悉且信賴的好朋友，可以幫助我們從舒適的小窩躍出，放下對於自我認同（無論此時我們認為自己是什麼）的微細執著與傲慢。在我們與解脫之間，現在只有一層薄薄的無明面紗，雖然薄，卻還是具有石牆一般的阻隔力，將我們禁閉在二元對立的監獄中；而牆外是一片廣大的世界，那是一片沒有「清淨」或「不清淨」、「迷惑」或「覺醒」、「好人」或「壞蛋」種種參考點的廣大境。希望得到幫助，到達牆的另外一邊嗎？我們可以選擇來到心靈友伴面前尋求協助。

善知識特派員

在西藏佛教的傳統中，修行一旦打下良好的根基，人們往往會尋求與善知識建立一種「上師與弟子」的關係，而不只是友誼。在這樣的師生關係中，上師成為弟子證悟過程中更為強大的助力，然而這關係必須由弟子啟動，我們必須來到老師面前，請求他發揮更強大的影響力，引導我們覺醒。當我們提出這樣的請求時，意思是對上師說：「我知道，該有的條件我都具備了，我知道終有一天可以自己走到目的地，但是我請求您，幫助我早日到達，請使用一切您覺得有效的方法把我喚醒。甚至，如果我自己不肯縱身躍向覺醒，你可以抽掉我腳下的跳板都沒關係，我完全同意。」

如果善知識也同意的話，那麼我們的關係就轉變了。在新的師生關係中，掌控方向盤的是上師，而且他有自己的地圖，跟我們的那張地圖頗為不同。現在，上師不再只是我們情感上的支柱，友善的顧問與指導者，新的元素出現了——某些時刻，他也許是你的好友，下一刻卻又是頂頭上司；他可能今天讚美你，明天又完全對你不理不睬，或是痛罵一頓。不但如此，現在他所給予的修行指導，你不能只當成一般建議聽聽就好，而是一個必須明確遵行的方向。我們不能說：「等等，我有一個更好的主意！」我們信賴他，相信上師知道什麼對我們的修行是最好的，但我們不是要他告訴我們如何處理稅務、票要投給哪位候選人、車子壞了要怎麼修……的問題，生活上的問題是我們要自己打理好的。

就在我們遵照上師指示開始修持的同時，我們可能會逐漸在上師身上發現許多嶄新的特質，這位善知識有時可能突然變得難以捉摸、不可理喻，甚至脾氣壞得有點嚇人。在這師生關係中，有時我們會有點不知所措。然而，同時我們也注意到自己的內在有了轉變——突然之間，有更多能量供我們運用，有一種強化的熱情與喜悅，憤怒與清明……等等，如火焰般閃現的情緒開始照亮我們的視野，而不再是阻礙，這對我們來說真是嶄新的境界，我們發現自己被抽離出概念化的存在，進入一個更自由，更赤裸無飾的實相中。

然而，請不要將這樣的師徒關係等閒視之、輕易嘗試，並不是所有的學生和老師都適合這樣的模式。毫無疑問的，只靠之前所學習的修持方法，我們仍然可以達到完全覺醒的目標，不管我們和善知識之間的關係維持原狀，或是進入另一種模式，最後所得到的自由與解脫都是相同的。這樣的選擇純粹只適合某些人，對其他人並不適合。它的好處是在旅途上前進的速度可能會飛快許多，善知識或許會授予我們認證自心本性的進階方法；缺點則是旅途將會比較顛簸，也更有心理上的挑戰性，不管我們心中有什麼樣的執著，善知識都會以直接或間接的方法，將它清清楚楚地點出來。不用說，在這樣的師徒關係中，強大的虔敬心與信賴感是不可或缺的，同時還需要一點由興趣、熱力、融洽、火花⋯⋯所觸發的化學變化。

獨立思考與臣服

如此的師徒關係在西方民主社會中很容易備受質疑，事實上也理當如此，質疑是應該的，因為我們並不想成為一個狂熱教派的信徒，只會追隨充滿領導魅力的教主，放棄自己的判斷力與辨別力，一旦放棄了這兩者，個人解脫的道路也就化為烏有，所以，我們應該仔細檢視自身的處境。

不過儘管我們總活在認為自己有著獨立思考，自主判斷的假象中，實際上是經常把自己的「獨立思考」丟到腦後。事實上，我們很難把生活中這麼多所謂專家與權威的影響力排除在外，因為每個人都在告訴你該怎麼想、該怎麼做，從能不能墮胎、贊不贊成同性結婚、槍枝是否該放鬆管制，到全面禁菸是否可行、死刑應不應該廢止⋯⋯當你「獨立」想出這些問題的答案時，你的眼睛是否正望向哪一位指導者？在這些重大課題上，你信賴的是誰的說法？是你喜愛的名人、政黨、總統，還是教宗？此外，我們對於專家與權威的認定也相當不一致，一方面，我們可能極度不滿政府的強行接收政策，但另一方面卻對素不相識的權貴掮客的操弄深信不疑，而他們除了掏空我們的口袋，什麼幫助也沒有。

而我們與善知識之間的關係，則是為了對我們有所助益，它存在的唯一理由就是要幫助我們重新找回自己真正的獨立自主。這關係的基礎是建立在過往所得的「知識」與「信賴」之上，而這是人際之間最強而有力的一種關係。怪不得廣告詞裡總是出現「值得信賴」這樣的字眼。

西方社會中最接近這種師徒關係的例子，大概就在「匿名戒酒會」的「戒酒十二步驟」（Twelve-Step program of Alcoholics Anonymous，簡稱 A.A.）之中了，匿名戒酒會與其他類似的組織，提供為成癮症所苦的人們珍貴的療癒機會，他們的療癒課程中包含一項極為重要的心靈覺醒過程：稱為「把自己交付出去」（surrender，臣服）。在這過程中，人們發現自己可以不再堅持靠一己之力解決問題，而願意把自己交付於一個（他們所設定的）更高的力量，放下自己的苦苦掙扎。許多患者的報告中都說道，當他們決定交付自己的那一刻，也是他們首次感受到療癒力量的時刻，是他們回復身心靈健康的開始。

從佛法的角度看來，「我執」也是一種成癮症，不管它造成的是自己或他人的痛苦，只靠我們自己常常無力將它停止。所以就像成癮症者向戒酒會求援，希望戒掉自己對外物的依賴一樣，我們也向佛法求援，特別是向自己的老師求助，請求他們幫助我們治癒我執。而我們所要「交付」的那「更高的力量」，是自心覺醒的本質，那本來一直都是健康、慈悲的自心本性。以此方式，我們信任心的療癒力量，而在我們無法為自己指引道路的這段期間，指引我們見到自心本性的是我們的老師。

心靈的覺醒是完全療癒的關鍵，在「戒酒十二步驟」中有這樣一段說明：

> 心靈的覺醒，通常簡稱為「覺醒」，意即覺知、認識到真實的自己，意識到有一個比自己更強大的力量，也許在外界，也許在內在深處，也許內外皆有。一旦有了如此的覺醒，原本黑暗之處，如今已是光明，我們比較能夠如實地看待事物，事實上，我們見到了前所未見的事物。大多數人感受到一種放下與鬆手（letting go）的感受，不僅如此，我們其中許多人，尤其是女性，反應說他們得到了力量，在交付之後回到了真實的自我，在一種以前從未知曉的力量中，我們有一種與自我接上線的感覺。

當我們鬆手放開我執，那「更強大的心靈」的療癒力量就會開始湧入。在佛法之道上，我們並不是臣服於上師，而是讓迷惑的自我臣服於真實的自我，這是一個回到自己真實面貌的覺醒過程，而上師為我們示現出這個覺醒境界。我執的癮頭會使出哪些技倆，該如何破解，上師也一清二楚。所以當我們和他建立師徒關係之際，我們是抱持著這樣的心願：「我相信你，請帶我度過這個難關，我願意接受你絕不虛偽的態度，和出自菩薩心腸的霹靂手段，直到我脫離我執之病為止。」

更重要的是，我們同意善知識有權力為我們的心靈添柴點火，啟動心靈的樞紐，在智慧的火苗上倒油，讓智慧之火更加熾烈，燒盡我執。我們安心地把這些事交給他做，也有信心火勢是在他的控制之下，不會失去控制而造成傷害。

關於傳承

在這樣的師徒關係中，上師與弟子各自應該具備什麼樣條件，不同的傳統有不同的看法，但是都有一個明確的準則，以確保在這關係中師徒雙方都能獲益。例如，上師必須是一個純正佛法傳承的持有者，精研教理，同時具有深廣的了悟與慈悲心。而學生必須具有成熟的心靈，以及投入這階段修行的堅志決心。當這些條件都符合的時候，那麼這位修行已經成就的上師，和這位心智已經成熟的弟子之間的師徒關係就得以成立，而這將能快速地把弟子的迷惑轉化成它本初的樣貌，也就是智慧。

然而什麼是傳承呢？某方面來說，傳承代表「將智慧世代相傳的一群人」，從佛陀的時代開始，人們學習佛法，修行成就，然後將這能達到覺醒的智慧交予後人承接下去。但從另一方面來看，傳承也就是智慧本身，就是代代相傳，從老師傳遞到學生身上的那個東西。傳承也可以說是一種接力交棒的過程：成就者把智慧不斷傳遞到弟子們身上，以智慧培育他們，直到這些心靈的孩子長大成熟，獨立自主，越來越強壯，最後有能力把智慧繼續傳遞下去。從這個角度看來，佛教歷史上的古德先賢，就像是我們的祖先，是我們了悟的前輩。幸虧他們將覺醒的方法傳承下來，我們今日才得以親見這些相同的教法。所以，所謂的傳承，我們可以把它想像成如同自己家族的樹狀族譜一般。

第13章

善心人士與不法之徒

情緒的力量能為我們帶來覺醒的體驗，
而這股力量比我們想像的還要強大。
如果我們能完全置身於任何情緒之中，
置身在情緒那赤裸裸的，毫無偽飾的當下，而毫不加以概念化，
就有機會在當下此時，一舉超越二元的心。

一旦準備好躍入覺醒，我們的旅程就變得非常、非常的單純。不管我們在世人眼中是什麼樣的人，我們只想脫離迷亂、偏執的人生，成為一個更明智、更慈悲的人。我們想要成為一個照護眾人的「善心人士」（good shepherds），就像電影「黑色追緝令」（Pulp Fiction）裡山繆傑克森飾演的那個角色一樣。在片尾的一場戲裡，他坐在餐廳，手裡握著一把槍，手指擱在扳機上，努力阻止自己對眼前那個瘋狂的傢伙開槍，希望自己可以安靜離去，不用殺人。他是個不法之徒，壞蛋一枚，祈求著上蒼賜予恩典，讓自己變成一個好人，永遠站在天使這一邊。

就在那樣的時刻，當生死交關、天堂與地獄拉鋸的時刻來臨時，那高張力的體驗，正是一個良機，讓我們有機會出現一百八十度大轉變——瞬間脫離一切概念。

此處我們要談的主題和動刀動槍沒有關係，這裡的重點是「情緒」——強烈的情緒就和一把上了膛的手槍一樣有威力。讓我們先把話說清楚，我接下來要說的意思並不表示濫用槍枝、濫用情緒無所謂，因為那是傷害人的行為。我要說的是：情緒的力量能夠為我們帶來覺醒的體驗，而這股力量比我們想像的還要強大。如果我們能完全置身於任何情緒之中，置身在情緒那赤裸裸的，毫無偽飾的當下，而毫不加以概念化，就有機會在當下此時，一舉超越二元的心。然而，一旦我們又落入世間好與壞、對與錯的念頭裡，就又掉回世俗的思考模式之中，在那樣的模式中，我們不是被視為聖人就是罪人，不是善心人士，就是不法之徒，我們仍然活在概念的世界中，仍然活在被分裂的世界裡，在這世界中，一切事物總是互相對立的。我們仍然繼續在赤裸無飾的實相上猛貼標籤。

旅程行至此處，我們的觀點已經截然改變。我們開始發現，情緒本身，就是覺醒的體驗，我們不再把情緒視為一種「壞能量」，或只是把它們當成一種可塑性很高的東西。比方說，通常我們都認為瞋恨是不好的，平常我們對於瞋恨的立即反應就是斬斷它、擺脫它，要不然就是將這強烈的能量轉化成好的心態，例如忍辱或清明的心。然而一旦我們了悟到自己這活生生的情緒，究竟上和它純淨的本質沒有任何不同，這種「將煩惱再製成正面心態」的資源回收工作，就顯得多餘了。我們不必先剝掉情緒的外皮，再去它內在尋找一個所謂的「覺醒」或「證悟智慧」的本質。

智慧並不是被埋藏在情緒裡的寶藏。憤怒、欲望與嫉妒閃現的第一個剎那，開放、開闊與覺醒就已經現身。心和心的本質之間的分別，情緒和情緒本質之間的分別，這些區別只有透過妄念的鏡片來看才能成立。如果就它們自身看來，如果以它們自己的觀點來看，這樣的分別根本不存在。所以，赤裸無飾、未加工的情緒帶來的直接體驗，能夠生起覺醒的直接體驗；如果能善巧使用它們，這些情緒是為我們帶來解脫的強大工具。

的確，這其中有其棘手之處，不是那麼容易，這也就是為何我們這麼需要善知識帶領的原因，他會告訴我們，這時候對情緒要更有信心。情緒不只是可以「對治」的，情緒本身就是我們的道路，也是道路最終的巔峰。情緒的覺醒本質正是我們所追求的覺醒，從這個觀點看來，只有當我們能直接與自己赤裸無飾的情緒交朋友，並善加運用它，才能和本初的覺醒體驗連上線。也許我們還在為自己那亂七八糟、烏煙瘴氣的心感到難為情，善知識卻告訴我們：不用去別處尋找一個更體面、更高尚的心，來當作修道的基礎。這正是以此方式修持的最大重點，也是它的美好之處，同時，也是它讓人難以接受之處。

當我們的心還深陷美德與罪惡、好與壞的概念中，特別是還深陷於有神論的見解中，那麼這條道路對我們來說是不可能行得通的。我們必須去找另一條較為循序漸進的解脫之道。既然佛陀傳授過這麼多了悟的方法，我們是可以選擇適合自己性情的修行方式的。

勇氣與傻氣

為了躍入這樣的旅程，我們需要與叛逆的佛心全面合作，某種程度的狂野與瘋狂是必須的，當我們猶豫躊躇或害羞膽怯時，叛逆之佛會勇敢無畏挺身上前。願意踏出自己習以為常的思考模式，挑戰原本死守的原則，是要帶著一點英雄的豪勇氣概的。當我們踏出這一步時，有時還真有點難以分辨這是勇氣呢，或只是傻氣。我們必須勇敢無畏，但是這勇氣必須和敏銳的心智、開放而好問的心靈攜手並進，這樣我們的冒險才有意義。

某方面看來，這情況有點像我們在電影裡常常看到的情節。電影裡的英雄本來只是個乖孩子，過著正常的生活，有一天忽然出現一個傢伙，殺了他的父母，也把他整得很慘。他完全不知道為什麼會這樣，但是從那一刻起，他必須面對驚險離奇的挑戰。他的家毀了，錢也沒了，名譽掃地，現在就連自己的生命都岌岌可危，不過接下來中央情報局出現，將他吸收進組織之內，或是他加入了黑社會，總之，最後他奉命去執行一項幾乎不可能的任務，一旦成功，所有麻煩都會被擺平，他也會變得很有錢，甚至可能在這過程中得到一點心靈的平靜。當然，這任務也可能會害他送命，但這是必須承擔的風險，他無法拒絕這個機會，因為他沒有別的選擇，何況他再也沒有什麼好失去的了。

你看過這樣的片子嗎？接近片尾的時候，我們這平凡的主角在經歷過許多危險和奮鬥之後，心中已經沒有希望，沒有恐懼，也沒有羞怯，最後他終於得到了自由。當你沒有希望的時候，也就沒有什麼好害怕，沒有什麼好羞怯，沒有什麼好失去的了。於是，這位英雄處於一個極佳的制高點，擁有超越所有人的視野，可以採取別人無法採取的行動，沒有什麼可以阻止他完成任何該做的事，假如他的任務是成為一個盜賊，他可以變成頂尖的盜賊；如果他的任務是成為一名刺客，他可以變成一位最厲害的殺手。故事就這樣發展下去，最後他終於克服萬難，以智取勝，擺平所有敵人，獲得最後的勝利。

我們接下來的旅程，就帶有這樣的風格，我們要衝過重重阻礙，最後逢凶化吉、化險為夷，平安到岸。

與「迷妄偏執」面對面接觸

在這階段，我們要學習的是直接對付「迷妄偏執」（neurosis）的特別方法。這裡所謂的「迷妄偏執」，指的是我們對自我和世界的迷惑看法。每當我們在心裡看著自己，我們看到的自己是一個焦點沒對準的照片，雖然模糊不清，我們卻還是對它很執著，心想：「啊，這就是我。」我們接受這個影像，因為它看起來很正常，而且反正「照片」裡的其他人和背景的樹木看起來也一樣模糊。不過我們的判斷並不可靠，因為我們從來沒看過一張完全清楚的自拍照。

通常我們看到照片裡的自己變得模糊或扭曲變形，都知道真正的自己其實不是長這個樣子，一定是相機壞了，或是拍照的人太遜。我們迷妄偏執的自我，其實就像這張模糊的照片，它拍到的不是我們清楚的真實面貌，而現在我們要做的，就是設法取得一張自我和世界的新照片，一張清楚而不扭曲的照片。第一步是先認出我們本來的照片焦點不準，第二步是修圖，讓主要影像清楚，或是乾脆拍一張新照片。

那麼，我們來看看原本這張自拍照有什麼問題。問題出在我們看不到自己身、語、意的真實本性，透過心中迷惑的鏡頭，我們把身體看成一個自己所擁有的、必須捍衛的事物，像是一棟高掛著「私有財產」標誌的房子；我們把自己的語言看成是成串的標籤與概念，用這些標籤與概念營造出這個二元對立的世界，並緊抓不放。然而，我們最主要的迷妄是對於「心」和「心理特質」的偏執，所謂的「心理特質」就是我們用來作為自我認同的一大堆人格特徵，而形成這些心理特質最深層的因子，就是我們的「價值觀」和基本信念。毫無疑問的，以世俗觀點來看，是我們的文化和外在環境條件，把我們塑造成現在這樣一個人，但我們自己也是推手，不能光怪社會文化把我們變成現在這個樣子，我們也參與其中，終究來說，是我們自己一手把這些人格特質建立成堅不可破的自我認同。是你我自己決定接受文化的餵養，把它們吞下吸收，化為自己存在的一部分。

這是我們必須深入觀察的地方，因為「價值觀」是我們社會形象（cultural identity）

的一部分，是基本自我存在感的一部分，此處藏著自己的批判心，以及一種恐懼感。恐懼感？是的，因為價值觀不但可以正面運作，也可以負面運轉，可以促進和諧、共識與瞭解，相反的也可以造成衝突與敵對。每當黑社會兩大家族間的價值觀兜不攏時，就有人要遭殃了。我們必須能夠發覺內心任何不可理喻，也不願意被質疑的地方；每當我們完全不知理由何在就相信自己的作法是對的，而且就此心滿意足，這就是一種盲目信仰，是仍然被黑暗籠罩的心靈；一旦懷著這樣的盲信被自己的價值觀牽著鼻子走，就錯失對它們深層意義的洞見，錯失了引導自己、轉化自己的力量。如此一來，這些價值觀就沒有價值了。

所有這一切表相，就是我們所認同的「我」、深深執著的「我」，是自我認同的基礎，也是所有抗爭和情緒波瀾的核心。這就是我們所說的「迷妄偏執」，也就是我們所要轉化的目標。

對付各種迷妄偏執最直接的方法之一，就是從強烈高漲的情緒下功夫。越是鮮明的情緒，越是契入覺醒體驗的好機會。有一句佛教諺語說：「情緒有多強烈，智慧之火就有多猛烈。」一旦我們能如此完全契入，也就契入了「迷妄偏執」最根本的脈動與能量，而這根本面貌是超越概念所及的。

為了能夠以這樣的方式利用情緒，我們需要十足的信心，而這種信心往往不是一蹴可幾的。這時回想並喚起對於空性與慈悲基本原理的了解是非常重要的。這就是對治迷妄偏執的方法。

活力十足的空性，熱情洋溢的慈悲

從此時開始，我們不再只以「開闊」、「廣大」、「完整」這些字眼來形容空性的體驗，這時，空性的直接體驗有一種活力充滿的喜樂感受，那正是空性豐富體驗的一部分，有著巨大的光耀與喜悅感。空，不只是一片空洞的虛空，這話你已經聽過好幾次了，但的確是如此，空性不是一種一無所有的感覺，不是拿著魔法棒一揮，把東西通通變不見，相反地，那是由於執著消失，不再緊抓任何東西不放，因而自然產生的美妙輝煌。想像一下對於眼前的事物毫無執取的感覺。在那同時，還有一種生猛的，或者說是赤裸無飾的感受，一開始可能會讓人不太舒服。對於這超越任何執著的廣大覺性體驗，我們可以用很多很多詞句來描述它，但基本上，它就是一種鮮明、清晰、活力蓬勃和光彩四射。

如此瞭解空性之後，以這樣的體驗來看待自己凡俗的迷妄偏執，我們對自己的認識及對世界的看法就全盤改觀。為什麼呢？因為執著消失了，心的迷惑也褪去了，現在我們終於有了清楚的鏡片，透過這鏡片觀看，模糊的照片終於對準了焦點，逐漸讓我們看到自己的真實面目，我們看到的自己，不再是迷惑世界中一個茫然無力的生命，我們開始對自己覺醒的本性生起信心，也對共享這世界的一切生命「他們都有這覺醒本性」生起信心。我們有這樣的確信，因為那是自己親眼所見、親身體驗，現在的我們，不再只是覺得自己和別人的迷妄偏執「有藥醫」而已，我們發現它們根本就是啟發的力量、證悟的來源。

一旦契入過這樣的體驗，接下來的練習就是讓體驗增長，讓這樣的體驗一次又一次的出現。隨著信心逐漸增強，我們到達了對實相深信不移的地步，也發現有一種無畏感開始在心中生起，我們不只是發現一無所懼的可能性，而是開始以無懼的心態為基礎，來面對任何迷妄偏執的展現。掌握了這樣的心態，就有如讓叛逆之佛坐上寶座，成為迷惑的主人，從此以後，情緒的力量再強大，我們也不會被耍得團團轉，這些情緒事實上只會讓我們的世界更繽紛、更有活力、更覺醒。我們開始展現出一種證悟的自信（enlightened pride），一種無我的莊嚴感與自尊自重。

如此看來，現在我們知道：空性並不是要逃離生活中頭痛的難題，或把現實世界和麻煩事通通變不見，而是表示我們可以超越執著，看穿日常難題，最終，我們在空性之中會頓時得到一種完全的自由，當這樣的自由來臨，剩下的就只有光彩閃耀的體驗，而那是一種無比豐饒的感受。

這種「證悟的自信」，或說是「從覺醒的本性中流露出的不可動搖的信心」，是邁向完全覺醒的一大步，而完全的覺醒即是完全的解脫。現在，我們必須將這無畏而開闊的心與慈悲之心結合在一起，當這兩者結合時，會成為一股最強大的力量，足以消弭各種不同層面的迷惑。

然而這時候的慈悲，與我們以前的瞭解也有些許不同，它具有所有我們心目中的慈悲特質，包括愛、仁慈、同理心……等等，但還不僅止於此。它變得更生猛，更赤裸無飾；不再只是世間一般的好心腸，甚至也不只是宗教上的慈愛而已。這種慈悲感受的強度和深度，都具有熱情的特質，感覺上我們像是觸碰到了充滿能量與覺性的本初境地，正朝向真實、神聖之自心的核心前進，要去向心中最根本的地方：我們的真實本性。這通往核心之旅，一步步剝除了我們的概念，包括我們執著的美德與善行，然而它滿溢著溫暖與柔和，我們將這種溫暖柔和的感覺散發給周遭的生命、朋友，更重要的是，散發給自己，以及自己的迷妄偏執。這樣的慈悲心，是由證悟的自信，由那無比的空性光輝所開啟的心靈。

空性與慈悲的結合

以佛法的角度看來，慈悲是空性自然放射出來的光芒。慈悲與空性，本來一直是一體的，只是我們難以見到這雙融合為一的強大本性。它不是一個概念而已，而是深植於我們內在、深植於宇宙本質之中的實相。舉例而言，閉上你的眼睛，在一片黑暗中，你會開始看見閃現的光芒，從佛法觀點來看，那不只是一種視覺現象，放射那光芒的根本源頭，是你自心喜樂的空性本質。同樣的，每當慈悲之光展現時，也會創造出燦爛的火花，而這火花的本質也一直是空性的。我們可以在自己情緒的能量中，看到同樣的火花，特別是在人際關係方面，不管是「愛」是「恨」，其中總是不停有火花蹦現與熄滅，這些火花有時將你與別人拉近，有時將你與別人拆散。每次當你對一段感情萬念俱灰，決定死了這條心，結果通常一轉身又陷入另一段感情，一切再度上演。

我曾經在旅行的時候遇見一位物理學家，他告訴我一個故事，讓我想起空性與慈悲合一的關係。這故事講的是另外一種關係——關於一對夸克之間的故事。夸克是一種基本粒子，有幾個不同的類型，例如有「上夸克」和「下夸克」之分，這上下夸克總是雙雙對對的出現，如果因為某些原因，一對夸克被拆散了，那麼在落單的上夸克旁邊，會無中生有地、自然而然地冒出一個下夸克和它結合，而落單的下夸克旁邊則會冒出一個上夸克和它結合，形成了兩對夸克。看來，無論是上夸克或下夸克都不願意單獨存在，也無法獨自存在。這故事聽起來真熟悉，為何會如此呢？虛空中事實上並不是真的一無所有，而是活力十足，充滿力量，轉變持續不停的在進行著：粒子轉化成純粹的能量，能量又轉變回粒子型態……同樣的，空性與慈悲之間也是如此，兩者的關係緊密無間，永不分離。我們永遠不可能只見到空性，或只找到慈悲，在根本的層面，它們從來未曾「分手」。這是相當浪漫的一幅意象——這充滿虛空與能量的宇宙，同時也是充滿愛、熱情與無我的世界。

慈悲的浪漫情懷

致力於探索本初境界的體驗，它的「副作用」是：一些浪漫的因子、一些縱情於感官與情緒世界的因子，將會開始發揮作用。為什麼？因為慈悲的核心是建立在熱情與欲望的基礎上，而那是我們無須懼怕的一部分本性。沒有了熱情，世界上就不會有愛，就不會有為了共同目標而努力的決心，不會一心為證悟的理想、覺醒的心念而努力。而欲望是生起憧憬與心願的動力，它推動我們去克服障礙，完成崇高的目標。然而，熱情與慾望，若是為謀求自利，或被「執著」與「癡迷」所控制，經常是生命中的破壞性力量，所以探索慈悲心的浪漫面，是有點冒險的，相較起來，遵照正常的行為方式，從事善行，是比較安全的，雖然這是比較粗淺的作法。

最初，我們以生起「出離心」作為對治自心的開始，那時候我們的自由，來自於脫離了將我們綑綁在痛苦中的一切執著；接著，經過修練自心的過程，我們發現執著本身，以及它們所激起的情緒，其實是可以利用的，我們利用它們將負面的心境轉化成正面的心境。現在，我們可以說已經長大了，擁有更多的智慧與慈悲的資源，可以在心的最深處與自心面對面了，我們不再一味地捨棄強烈的感受與享受，而有能力不帶迷惑地、清楚地看著這些心境。

通常我們想要一個東西的時候，並不是直接看著那欲望，不是直接看著那渴望與欲求的純粹能量，契入心的體驗中；相反地，我們落入世俗的想法模式，錯過了第一個瞬間，錯過在習性啟動之前，那開放、充滿能量、明亮的瞬間。這樣的事一再發生，不管我們面對的是強烈的欲望，或只是想喝瓶冰可樂。感謝我們那一大堆好與壞的念頭，在我們朝著可樂伸出手之前，就否決了喝可樂的快樂。太甜了，熱量太高了，咖啡因對人體有害，而且不是本地產品……等等。我們的腦袋說：「別喝！」味蕾卻發出「嗯……」的聲音。

重點是要在迷妄生起的時刻——當我們看著那瓶冰可樂，整個人都被吸引住的時候——看著這迷妄偏執的多彩多姿，看著它的赤裸無飾，看著它的最根本面貌。對於這瓶可樂的熱情，照亮了我們的心，在念頭發動攻擊之前，有一段覺醒的、愉悅的、滿足的片刻，在這瞬間，我們可以選擇重新墮入沉睡的心靈，逃避這強烈、明亮的心境，也可以決定「撤退」，然後點一杯有機紅蘿蔔汁；或者，我們也可以在那時刻生起「證悟的自信」，也就是空性的智慧。至於最後我們到底有沒有喝那瓶可樂，已經不是重點，重點是在欲望來襲時，我們如何對待此心、利用此心。

從某個角度說，我們需要巨大的熱情做為超越的跳板，當我們將熱情的赤裸本質中那份溫暖柔和，與空性的明亮光芒相結合，就出現合而為一的自然感受。兩者的結合，產生了所謂的「極喜」（great joy），或「大樂智慧」（great bliss wisdom）。因為在所有情緒的核心中，從未與慈悲須臾暫離，任何情緒一旦和空性合而為一，大樂的體驗就此生起。

發現這究竟的空性、這本然自有的「空性與慈悲合一無別」之後，我們因此瞭解到喜樂是無始也無終的。所以我們不必執著於這喜樂不放，它就像虛空的能量一般，無中生有地出現、成形，過了一會兒，又消融於無形，之後又再度生起。有時我們感受得到它，有時不能，即使在我們沒有感受的時候，它的本質絲毫沒有不同。虛空總是充滿能量，絕不會此時增，彼時滅。

這時候，我們「證悟的自信」變得堅定而不可動搖，我們不再只是想像著自己覺醒的樣子，試著把自己改造成那個樣貌，我們發現自己已經身處於覺醒的領域中，而自己正是其中一分子，是某種廣大無限事物的一分子。「孤單」的感覺，「個人」的感覺，不再是自他之間的一堵牆，相反的，這些感覺鼓舞起我們的欲望，一種想要投入人群，盡可能為人們帶來快樂與喜悅的欲望。

如今，我們已經走過旅程一圈，又回到原點。回想最初，我們以「無我」的概念，作為摧毀迷惑的武器，現在無我的體悟成為鼓舞我們的力量，給予我們勇氣去迎向自己與世界的迷妄偏執。當每個人都努力想要爬出痛苦的深淵，少數稀有的人們卻願意重新跳入。想要成為這樣的人，需要極大的勇氣，以及對世界的極大熱情。這時候，一點點瘋狂是有幫助的。

無論如何，不管你選擇的是什麼樣的道路，不管這條路引領你走到何處，有一句口訣，你應該放進心裡，永遠珍藏。那就是：「不要捨棄任何人。」無論是誰，就算你現在幫不了他，心裡也不要放棄它，不要對他關上你的心門。這是我們古老的心靈戰友——佛陀，他親口說過的話。而如果你忘了這句話，沒關係，住在你內心的那位叛逆的佛陀，未來會再度提醒你。

第14章

覺醒的傳承

漫不經心之下所做的事都是沒有價值的。

沒有覺知，就不會有解脫。沒有與心相連，就不會有喜悅。

所以，如果我們所做的一切不帶有覺察力與覺性，

從佛法的角度看來，這些事有什麼利益呢？

失去了與真心的聯繫，不只是我們個人的損失，

它可能會影響整個修行團體，甚至整個文化傳統。

該怎麼樣讓一個智慧的傳承延續下去呢？是的，智慧需要代代相傳下去，但是「延續一個傳統」和「把它打包收藏起來」是不一樣的。我們可以把博物館塞滿佛教文物，我們可以翻譯所有過去大師們的經典，然後大量印刷，把它們裝進世界各地的博物館，或者，把佛教文化裡的儀軌和教義全部記錄建檔——這麼一來，保證不會有人把佛教遺忘，佛教會以「神祕的世界遺產」的形式保存下去，就像其他消失的文明一樣。

或者，我們也可以用另一個方法：將蘊含在傳承中的智慧延續下去，也就是說，去學習它，練習它，直到覺醒為止。

這個道理適用於剛開始聽課學習、參加閉關的新一代學生，也適用於已經年復一年這麼做的你們。有時候我很好奇為什麼你們還會堅持下去，因為就我所見，你們對於「現在就是覺醒良機」這一點，幾乎沒有什麼信心。或許你認為自己應該可以「覺醒個百分之五十」吧，足夠到達「瘋狂」的階段，但是要直達「智慧」的境界，那還不行[1]。不過，佛陀的訊息和佛法的目的，並不只是要治好我們一半的無明而已；佛陀說的是：你現在本來就是覺醒的，而且只要你致力於此，現在就可以讓自己證悟。

如果你是西方人，可能會有點懷疑這說法對自己是否適用。你可能會想：「我？了悟？成為一個證悟者？怎麼可能。西方人怎麼可能像佛陀一樣覺醒，成為一個傳承的領袖？這種事必須是一種天賦吧，像亞洲人，他們血液裡才有那種因子。」信不信由你，就連亞洲人也是這樣懷疑自己。從前有一位西藏居士來到偉大的證悟者瑜伽士密勒日巴面前說：「尊者，您在這一生之中就獲得這麼高的了悟，這真是太驚人的成就了！您一定是佛菩薩的轉世，才會有這樣的成就，請告訴我們，您究竟是哪一位菩薩的化身？」從這段話看來，如果想要了悟，就算是西藏人都還略嫌不足，得是個超人才行。

密勒日巴的回答顯得相當不悅：「你這麼說，就是看輕佛法，認為佛法的修行沒有力量。你似乎是說，我之所以能夠展現證悟的本性，唯一原因是因為我沾了前輩子的光？再也沒有比這更大的邪見了。」事實上，密勒日巴剛開始修行的時候，前科累累，做過的壞事，寫下來的話會是一長串，因此，他有非常多的障礙有待克服，也因此他必須非常努力才行。他如此說道：「我以堅毅不懈的熱忱修持佛法，感謝佛法之道的甚深方便法門，讓我生起了殊勝的功德，今後任何人只要真心相信所作一切必然產生結果，就會生起修行的決心，而只要有一點決心，就會生起像我一樣的勇氣，那麼他們自然會達到和我一樣的

---

1 此處「瘋狂」和「智慧」的比喻，大概是暗指所謂的「狂慧」或「瘋智」（crazy wisdom），意指證悟的成就者有時展現出不合世俗規範的行為，看似瘋癲，但卻是智慧的一種展現。

成就，到時候，人們也會想：他們一定是佛菩薩轉世的吧？」[2]

同樣的，今天的我們如果也認為「不，我不行。」那表示我們對於修持佛法的力量缺乏信心，我們對於佛法是不是真能產生「廣告」中宣稱的效果，有點懷疑。然而過去的大瑜伽士與學者們都在他們的教導裡告訴我們，達到證悟完全是可能的，是實際可行的一件事。我說的並不是少數幾個證悟的「案例」而已，並不是說只有一兩個「偉大聖者」會在未來解脫，那是不夠的，我說的是建立一個現代的覺醒傳承，一個從今天就可以開始的、西方的、美國的純正佛法傳承，而且在這個世紀之中，我們就可以看到成果。

每個人都有證悟的潛能。此刻你已經具備了某種程度的智慧、領悟與慈悲，只要將它們繼續開展，就能一路到達證悟，相信這一點是無比重要的，如果對自己缺乏信心，體悟也不會生起。如果當你靜坐禪修時，心裡抱持的態度是：「好吧，坐坐看，不過我想今天大概不會有什麼成果的。」那麼，結果可能正好與你預測的相同。靜坐時最好的方式，是對結果沒有任何預設立場，沒有希望與恐懼，懷抱著開放的態度，打開心門，不把任何可能性關在心門外。

如果你拿自己的出生背景，和亞洲歷史上的大師比較，多半會覺得想要達到和他們一樣的了悟，根本是不可能的事。你可能會想，自己只不過是個迷惑的、平凡的傢伙，一個物質主義世界的產物，二元對立文化之下的產品；而他們卻是在那麼特別、甚至是神祕的環境長大，當然比較佔便宜。這樣的想法不但對我們沒有幫助，甚至會動搖我們的修行。

不妨這麼想，假如你出生於基督教或猶太教的家庭，也就是說，你是在基督教和猶太教傳統環境下長大，這會帶給你認識神性的特別力量嗎？我想不會。同樣的，出生於印度教、回教和佛教家庭也是一樣，光是在某種文化之中出生、長大，並不保證你會對這個傳統中的心靈教導有深刻的認識，說不定來自其他文化的「局外人」，反而會有更鮮活、更深刻的瞭解。

事實上，現今出生在亞洲佛教家庭的人，說不定他們對西方哲學、心理學和科技還比較感興趣，希望能從中找到新觀點與新契機。「佛陀」對他們來說已經是一副老面孔，一副熟悉的面孔——可能實在熟悉得過頭了。如今，在亞洲，以佛法中心的形式成立的佛教團體，也面臨與西方佛教團體相同的挑戰，那就是如何超越已經根深柢固的傳統形式，而去掌握佛法的核心精神。由於佛教在東方文化中已經建立起來，所以我們沒有置喙的餘地，但是我們可以問問：他們到底是在演練傳統儀式，還是真的在為覺醒而努力？

---

2 這段密勒日巴的故事，出自《普賢上師言教》的〈共同外前行〉「因果不虛」的教導。

這似乎是東西方共同的課題。在這方面，我們可以回頭看看悉達多王子的榜樣，他的覺醒之旅，開始於翻越自身文化的藩籬。年輕的佛陀正是個不折不扣的「局外人」（outsider）。

典範在夙昔

佛陀和其他重要人物的生平故事，提供我們許多振奮人心的典範。問題在於我們常常被「典範」這個概念所迷惑，因而過度誇大這個範例所代表的意義。另外，我們也有一種把過去的事蹟理想化的傾向。例如，想起遙遠古印度那種粗獷的生活，就覺得十分浪漫，或者，每當想起佛陀時，心中就浮現一位聖人開示著甚深佛法的畫面。我們看不到一個印度人走在塵沙飛揚的小徑上，從一個村莊跋涉到另一個村莊，飢餓、疲累、渾身痠痛，有時微笑，有時皺眉。我們覺得佛陀應該總是在禪修，從來不會對別人大吼大叫才對，不是嗎？然而佛陀其實就像我們一樣，他也是人，正因為他也是人，所以他可以成為我們的一個美好典範。

同樣的情況，也發生在我們看待古代大瑜伽士的態度。例如，藏傳佛教的幾位始祖，總是被描繪成坐姿莊嚴，穿戴著美麗的飾品，一副完美的形象。這樣的形象當然非常具有啟迪作用，然而，如果我們看到他們本人，可能完全看不出有何特別之處，甚至完全不覺得他們像是個佛教徒。他們真正的模樣會是如何呢？

噶舉傳承的始祖帝洛巴，曾經是個乞討維生的流浪漢，勉強算是個漁夫，專門吃其他漁夫丟在一旁不要的魚內臟，據說，當繼承他衣缽的弟子那洛巴第一次見到他時，帝洛巴正在吃一尾活魚。說真的，如果帝洛巴現在就坐在我們面前，一定很難讓我們想親近他，因為我們所追求的，是一個符合心中浪漫形象的大師；而當我們這麼想的時候，我們與佛法之間、與修行之間，已經缺少了真心的連結。

另外一個例子是蓮花生大士，一位被尊為「第二佛」的印度人，他一直是西藏歷史上最重要也最受愛戴的人物之一。蓮花生大士的偉大事蹟之一是將佛法傳入西藏，千千萬萬西藏人追隨他的腳步，對他敬愛有加。然而我們研讀他的傳記會發現，事實上當時西藏也有很多人討厭他，希望置他於死地；雖然由於他的心靈成就，他們無法擊敗他，但這也顯示出他不只帶給人們信心，也激起許多人的敵意。

這些歷史故事讓我們看到這些證悟者人性的一面。如果我們不能看到他們真實的人性面，也就看不見他們真實的成就，如此一來，他們的榜樣對我們就不會有什麼幫助。這讓我想起最近在電視上看到的一則新聞，根據新聞報導，美國人總是習慣誇大卸任總統的政績，原諒他們的錯誤，而對現任總統特別嚴苛。披頭四的主唱約翰藍儂（John Lennon）也說過類似的話：比起活著時候，等你死後埋進土裡，人們會比較愛你。

因此，當我們想要找一位大師來作為自己的模範時，不要誤以為他們在傳統文化中的形象，就是他們在生活中的樣子。每一位我們在修行之道上找到的榜樣，他們都是人類。

我的上師曾經點醒我：最重要的是珍惜當下所擁有的機會。無論過去的聖者是多麼仁慈、多麼美好、多麼有智慧；但是最慈愛、最慷慨、最重要的老師，卻是我們此時的老師。因為只有他們能夠和我們建立友誼；只有他們能夠瞭解我們，給予我們指導，並在這條路上帶領我們前進。佛陀是一位很棒的老師，但是你我都沒辦法坐在他身邊，問他接下來該怎麼做，各種問題該如何處理；但我們卻可以和自己活生生、有血有肉的上師坐在咖啡廳裡，和他討論自己的修行問題。

新世代的佛法導師

而當今這個世代的佛法導師在哪裡呢？此時此刻，正有一群現代的西方人、東方人，與上一代東方導師一樣，完成了完整而嚴謹的訓練，而且人數正在持續增加之中。他們將得到與上一代相似的成果，也就是說，由於他們的努力，其中有些人將會成為具足智慧、慈悲與善巧的導師。他們正在以一種真實不虛的方式，將這個傳承傳遞下去，對於這樣的老師，我們應該像尊敬上一代成就大師一樣地尊敬他們，同等地信賴他們。另外，有些人或許也通過了完整的訓練，卻沒辦法成為一個好老師，甚至只能成為一個差勁的老師，就像有些博士班畢業的人，就算得到教職，拿到證書，卻教不出一個優秀的學生一樣，因為他們不知道怎樣把自身所學教給學生。就心靈之道而言，也是一樣的道理。

然而，如果佛陀說得沒錯，如果心靈本來就是覺醒的，超越文化的，那麼新一代的佛法導師絕對有能力擔負起這個責任，成為現代世界的佛法領航者，這是不可或缺的工作，因為現在我們所擁有的上一代亞洲導師們，不會永遠與我們在一起，就像我們的父母不會長生不老一樣，我們的師父有一天也會離我們而去；希望當那一天到來時，我們已經從他們那裡學到足夠的知識，讓自己的生命過得慈悲而有意義，讓這覺醒的傳承延續下去。

對於現代的導師，我的建議是仔細檢視、觀察他們，然後接受真正具有慈悲、智慧與善巧的人作為老師，至於他來自何方，並不重要。然而，在現今的佛教世界卻也常常可以見到自封為大師的冒牌貨，這種情況似乎在任何文化傳統中都屢見不鮮，甚至古代西藏也不例外。看來，在任何宗教與心靈領域中，冒牌貨似乎是永遠不會「缺貨」的。因此對學生來說，仔細區分偽裝者與真正的佛法老師之間的區別，就很重要了，我們要追隨的，一定必須是真正的佛法傳承持有者。

現今的學生們，也就是居住在紐約、溫哥華、倫敦、漢堡、巴塞隆納、香港與台灣的你們，正是未來的老師。也許這不在你的計劃之中，但事情往往就是這樣發生的。所以，身為未來老師的種子，你必須相信自己的學習能力，相信自己也能成為真實智慧的化身。現代世界的學生擁有很多優勢，你們開始學習佛法時就已經受過良好教育，所擁有的知識無論深度廣度，都令人佩服，也就是說，在很多方面看來，你們都已經準備好足夠的心智能力，足以展開這段以「超越知識」為目標的旅程。現在不管是能力或是潛力，都已經不是問題。真正的挑戰在於如何區別「什麼是傳統，什麼是智慧」這個老問題。

傳統的壓力：一把土的故事

巴楚仁波切（Patrul Rinpoche，1808-1887）是十九世紀最傑出的上師之一，在他的《普賢上師言教》（The Words of My Perfect Teacher）書中有一則著名的故事，是關於十二世紀知名的噶當派上師「班格西」的故事。有天早晨，一群供養主和幾位學生前來拜訪班格西，在他們即將到來之前，班格西開始布置他的壇城，擺設供品，就在他專心一意要把壇城擺設得讓人印象深刻時，突然有所了悟，下一秒鐘，他抓起一把沙土，撒在所有的供品上。後來，印度大師帕當巴桑結聽說了這件事，他說：「西藏所有的供品中，就屬班格西這把土最棒。」對我們來說，這是個相當驚人的故事。你能想像朝你的壇城撒土嗎？

為什麼班格西要先費心布置壇城，接著又朝它撒土？他是一位大修行者，所以並不只是為了個人想讓施主印象深刻的私慾，而是因為他背負著傳統文化的極大壓力。疏於整理壇城、不擺設豐富的供品，一直以來，被視為是不敬而失禮的行為。然而就在進行這些工作時，他發現自己與手上所做的事情之間，沒有真心的聯繫，沒有感動，更糟的是沒有覺察力與覺性。所以他抓起一把泥土撒在壇城上，告訴自己說：「你這個比丘，住手吧，不要再裝模作樣了！」

另一個故事比較接近現代，那是更敦群培（Gendun Chopel，1903-1951）的故事。更敦群培生於二十世紀初，是一位偉大但出了名離經叛道的上師、學者與翻譯家。有一次，兩位來自知名佛學院的大學者前來拜訪他，當然，他們不是來串門子的，久聞更敦群培的瘋狂行徑，他們今天要來看看他葫蘆裡到底賣什麼藥，或者也可以說是要來「點化」他。

更敦群培聽說他們要來，拿出一尊最珍貴的佛像放在桌子上，然後把一張西藏的百元鈔票捲成香菸，兩位大學者一進門，他就點起菸抽了起來。兩位訪客盯著那支菸，發現是一張如假包換的百元鈔，接著，又看到更敦群培把菸灰彈在佛像頭上。這下子兩位大學者受不了了。這傢伙要浪費一張自己的百元鈔也就算了，但是把菸灰彈在佛像頭上？是可忍，孰不可忍，於是他們和更敦群培展開一場激烈的爭執與辯論，但最後他們無法擊敗他的見解，那就是：我們對佛的敬意、與佛法的真心相連，完全都是發生在內心的事情。佛並不在外界。何況，如果佛是完全徹悟一切、超越二元對立與概念的，他會在意一點點菸灰嗎？不會的。

這些故事提醒我們，我們是多麼容易執著於佛法的傳統形式，而與心靈之道的真正要點背道而馳。兩個故事中的偉大上師都朝著公認的聖物上撒灰，但我們並不感覺這些聖物被褻瀆了，反而有一種解脫的感覺：從好與壞、清淨與不清淨、美與醜的概念之中解脫。

正是這些概念造成巨大的文化壓力，迫使我們去遵守各種規則，不管是明規或是暗矩。一旦不按規矩行事，我們就覺得很不舒服，而且可能會被排斥。然而，只要照著規矩做事，就算毫無意識，也不曉得自己這麼做究竟有什麼意義，但外表看來卻非常得體而莊嚴。一時三刻之間，我們可能都被自己給騙了。

不假思索、行禮如儀地把該做的事做完，這樣的事情不會有什麼意義。就像大工廠裡裝配線上的工人一樣，他們只要排成一排，反覆做著一樣的動作，什麼都不用想，有時甚至忘了自己在組裝的是什麼產品。負責鎖螺絲的人，只要等零件送到眼前時，鎖上螺絲釘就行了。同樣的，有時我們也會忘了自己所做的這一切是為了什麼，而成為解脫之道上的裝配線工人。每一件規定該做的事，我們都做了，卻什麼也沒有進入我們心中。我們從未真正仔細看過壇城上的物品，甚至不記得上面擺了什麼，更別提這些東西代表著什麼意義。對於靜坐時的廣闊與能量，我們並不覺得受用。念誦時，任何文字也改變不了我們的心。或許，我們收集了很多佛像、書籍，以及代表一個修行人的所有裝飾品，把自己的家弄得像大雄寶殿，但接著我們就忘了自己擁有些什麼，有時我們甚至會把同一本書一再買回家，忘了家裡早就有一本。

世界上或許真的有些事物值得收藏，像是古董或是棒球卡，因為這些投資未來可能還有回報。但是從心靈的角度看來，漫不經心之下所做的事都是沒有價值的。沒有覺知，就不會有解脫。沒有與心相連，就不會有喜悅。所以，如果我們所做的一切不帶有覺察力與覺性，從佛法的角度看來，這些事有什麼利益呢？失去了與真心的聯繫，不只是我們個人的損失，它可能會影響整個修行團體，甚至整個文化傳統。

佛法稻草人

佛陀所掀起的心靈革命，不只發生一次，佛法早已經歷了許多階段的改革與變化。這樣的改變是必須的，因為任何系統使用一段時間後，自然會有一定程度的衰退、錯誤與混淆之處。就像我們時常掃描電腦的作業系統，看看是否有病毒或惡意程式一樣，我們也必須不斷檢視、改善、刷新我們的心靈系統。而在佛教的歷史上，我們就時常這樣做。[3]

所以，現在我們所要談的「佛法改革」，不是一件新鮮事，在佛教文化的歷史上，這樣的事已經持續發生了兩千六百年。當一個活生生的傳承變得死氣沉沉，失去它鮮活的力量，而我們也與這心靈之道失去了基本的心靈相應時，那其實是一件很感傷的事。佛法不再是那真實的正法了。佛陀稱此為「表相的佛法」（symbol of dharma，像法），徒具形式的佛法，像個稻草人。稻草人看起來就像人一樣，他有頭有手有腳，穿衣戴帽，有時還戴太陽眼鏡，什麼都有，彷彿是真人一般，但畢竟只是稻草人，只是一個表相。

要小心「表相的佛法」。就算我們置身在雄偉的殿堂，前方有著美麗的佛像，台上老師正講授著佛法，學生們齊聚一堂，修持著傳統的教法，一切看起來如此完美無缺，感覺這環境真是學習佛法的好地方……但這還是有可能只是個佛法稻草人。危險之處就在於此。佛陀曾在經中說過，佛法不會被外在環境所毀滅，唯一能毀滅佛法的事物來自內心。所以，與其擔憂外在環境不夠理想，對於內心活動的缺乏觀照還更具有破壞力。

任何形式的佛法都應該要與心相連，也就是說，對於修持之道中的任何元素，都應該有一種真正的瞭解，應該要有一種由於理解後的信心所帶來的真心投入。缺少了這一點，我們的修行過程會變成佛法稻草人，不再真實。

---

3 佛教歷史上，一個較著名的改革例子，是印度大學者和翻譯家阿底峽尊者的事跡，他是印度與西藏佛教發展史中一位很重要的大師，一位知名的改革家，由於看到當時佛教衰退與墮落的現象，他大力整頓，對於傳統中混淆不明之處，加以釐清、糾正，道德重整。

佛陀要告訴我們什麼？

佛陀證悟之後，說法四十五年，這大量的教法正逐漸翻譯成英文及其他西方語言。據說佛陀總共開示了八萬四千法門，但我們也可以這麼說：他其實只教了我們一件事，只有一個甚深的開示，那就是：如何了悟你的心。[4]

了悟心，代表我們要了解自己的念頭、情緒、根本的我執，而所有的這一切全都是無形的。它們不會說某種特定語言，也不會穿著某個民族的傳統服飾，它們是放諸四海皆準的內心體驗。所以在我們的情緒中，並不會有文化差異性的存在，比方說，憤怒就是憤怒，不會有西藏型的憤怒或美國式的憤怒，也許不同文化之間，表達憤怒或壓抑憤怒的方式有所不同，但是內在的感受卻是相同的。當我們生氣的時候，那感受是無法以言語形容的，不管你用的是哪一種語言——怒火在體內悸動著，內心一片空白。

同樣的，「自我」也沒有文化形式，不管你是什麼地方的人，都有一種與每個人都相同的根本自我感。印度新德里的人並不會有特別不一樣的「自我」感，洛杉磯居民的自我也不會有某種特別的形式。另外，痛苦的基本感受似乎也是處處可見，痛苦不會特別厚愛某個國家或某種文化。說來不知這是幸運或是不幸，以上這些是全人類都共同擁有的體驗，在這些體驗之中是沒有國界，也沒有分別的。

同樣的，「覺醒」的體驗也是人人相同的，那是一種超越文化的心之體驗。而那帶來覺醒的「智慧」一定也是放諸四海皆準的，否則每個國家都得有一個自己的「佛陀」才行。如果亞洲人的自心本性真的和美洲人、歐洲人或非洲人不同的話，那麼其實不用到世界各地去講述佛陀的智慧，只要教亞洲人就行了。這樣大家可以省下很多時間、金錢，也不用那麼傷腦筋了。然而，當我們環顧四周，卻發現同樣的智慧在四處展現，那似乎不是某些人的專利。無論東方或西方，同樣都迷惑，同樣都痛苦，同樣都能覺醒，也同樣都能快樂。

---

4 如何了悟你的心：原文為 how to work with your mind，中文較難找到意思完全相同的譯法，或可譯成「如何善用你的心」、「如何探究你的心」、「如何在自心下功夫」……。

該相信誰呢？——關於「四種依止」

生活在現代世界的我們，有琳瑯滿目的老師和法教任君挑選，但是我們怎麼知道該聽誰的呢？該相信哪一個法門呢？佛陀在一次開示中回答了這個「該相信誰」的問題，這段話被後人稱之為「四依止」（the Four Reliances），對於身處這個時代與文化中的我們，了解未來該如何繼續前進，是很有幫助的。他是這麼說的：

依法不依人
依義不依語
依了義，不依不了義
依智不依識

我們應該把這四句話做成海報，貼在客廳、廚房、臥房、浴室、地板、天花板……是的，它們就是這麼重要。遵照這「四依止」修持，我們就能確信自己是走在正確的道路上，能夠充分地由修持中受益。

1 依法不依人

佛陀說「依法不依人」，意思是說我們不要被外表的顯相騙了。有些老師外表很有吸引力，具有顯赫的家世背景，出外以豪華轎車代步，被許多隨從簇擁著；另外有些老師卻可能看起來很普通，住的地方也不怎麼樣。

然而不管是東方人或西方人，是男或女，是老或少，傳統或非傳統，赫赫有名或默默無聞，我們判斷這位老師是否具格、是否值得信賴的方法，是觀察他的教學素質如何，效果如何，以及他有多少了悟與洞見，他與傳承之間有多少連結。這是很重要的，因為許多優秀老師的外表與生活方式，可能並不符合學生們的期待。因此，我們應該重視的是這位老師到底教了些什麼，而不是他給你的觀感如何。

2 依義不依語

佛陀所說的「依義不依語」，意思是我們不應該只依靠「對文字的概念性理解」作為方向的指引，我們應該依靠的是「文字為我們指出的意義」。文字能夠傳達「意義」，但文字卻不是「意義」本身。如果我們執著在文字層面，可能會誤以為自己概念性的了解就已經是極致了，就已經是真正的了悟了。

然而我們應該要知道的是，語言文字就像是指著月亮的手指，只看手指，就還只停留在概念的階段。只有當我們不再盯著手指，轉頭望向月亮時，才能完全知曉文字的意義。方法是：深深思維我們所聽聞的教導，直到這思維帶領我們超越文字，到達對其意義直接的、個人的體驗。

想要知道什麼是伯爵茶，只有端起茶杯來喝它才知道。想要知道空性是什麼，只有真正在自心中體驗到它才知道。

3依了義，不依不了義

「依了義，不依不了義」這句話中，佛陀點出一個重點：我們不只要知道語言文字的意義，還應該知道哪些意義是「了義」（究竟的意義），或是「不了義」（不究竟的意義）。也就是說，有些是究竟的道理，有些則只是世俗的相對性說法。

「究竟的意義」代表它是最終、最圓滿的道理，是事物的真實樣貌，除此之外再也無法對那事物再多說什麼了。「不究竟的意義」代表它或許是一個很重要、很有力量的道理，但卻不是最終、最圓滿的道理，而它存在的目的是為了帶領我們走得更遠。

為了瞭解「究竟的真理」，我們會先學習到許多「相對的真理」。例如，佛陀教導弟子「痛苦」的真理（苦諦），以幫助他們走上沒有痛苦的道路。然而「痛苦」的本質是相對的，在心的究竟本質中，痛苦並不存在，存在的是無我、慈悲、喜樂與覺醒……等等，那是心的究竟本質。這「四依止」的第三句告訴我們要依靠的是究竟的、最終的義理。如果我們執著於痛苦，認為它是究竟的真理，那我們可能永遠也體驗不到沒有痛苦的喜樂。

4依智不依識

佛陀這句話的意思是說，為了能夠直接體驗、領會到剛剛所說的「究竟意義」，我們應該依靠的是智慧——心的無概念覺知能力，而不是依靠我們二元對立的心識。所謂的「心識」（consciousness），指的是相對的心，也就是五種感官所感知的顯相以及那概念化的思維之心。它們和智慧之間的關係是什麼呢？它們是智慧本身的化現與戲變。

這些顯相雖然看起來栩栩如生，卻沒有實質的存在，但直到我們認出這一點之前，要在這些經驗之中（尤其是在心念與情緒之中）見到蘊含於其中的「智慧」，是相當困難的。那麼如何才能「依智不依識」呢？首先我們在理智上瞭解了這句話的意思，接著我們要生起更篤定的確信，讓它成為我們日常體驗的一部分。例如，當念頭生起時，我們提醒自己：那只是個念頭而已；如果那是一個憤怒的念頭，是一個想傷害別人的念頭，我們可以將這念頭連結上智慧，先從相對層次著手，將慈悲的念頭融入憤怒之中，這樣就能從根本上改變我們所散發的意念，帶來一種開闊的感受、心靈的契合，為未來更良好的關係帶來可能性。所以，當我們還無法契入究竟的智慧時，很重要的是，我們要記得讓自己契入「相對的智慧」——一種開闊與慈悲的單純感受，為了自己也為了他人。這麼做的時候，就是依靠「智慧」行事，而不是依靠「心識」。

仔細審視過這「四依止」之後，我們會發現佛陀要告訴我們的是如何獨立判斷，明察善辨，不要把「並非絕對可信」的對象誤以為是「權威的指標」，以免陷入迷惑之中。這些教導全都透露出一個訊息，那就是我們應該信賴自己的智慧與辨識真理的能力；同時我們也發現佛陀的意思是：帶領我們在修道上前進的最佳嚮導，是智慧，而不是任何制式的傳統形式、儀式或修持方法。

第15章

遇見
今日世界的佛陀

如果今天佛陀還活著，他會想些什麼？做些什麼？
現在該是自問如何突破的時候了。
現在我們所面對的挑戰，是要打破對於「佛教文化」的執著。

佛陀圓寂之前，弟子們曾經請問他未來僧團該如何繼續下去。過去僧團一直是藉由戒律與許多修心方法而維繫著。佛陀回答說，未來當他離去之後，佛教團體應該「隨順當代與社會變化」與時俱進。也就是說，佛教團體應該因應時代的需要有所改變，以保持現代化，並與社會維持和諧關係。

為了眺望前方的道路，我們必須先知道此刻自己置身何處，也就是說，我們應該看看自己的「文化」。文化的偏好、執著、習慣和觀點，這些可不只是別人才有，「文化」是在自他雙方身上都看得到的。無論來自東方或西方，我們都像泅泳在海中的魚一般；魚能夠清楚看見海裡每一樣事物，就是看不到自己及周圍的海水。同樣的，我們很容易看出別人的習慣與偏好，就是看不見自己的。

我們越能夠意識到自己周遭的文化環境，就越能看清楚我們如何拼湊出自己的世界；我們開始認清自心如何建構出文化與身分，以及心是如何為萬事萬物貼上標籤、標出價值。當我們看出這種關聯性，就像是魚看到了海水，得到了一種無分別的、遍及一切經驗的「覺醒」。我們需要這種清晰的洞見，以避免自己一直不自覺的進行著文化的「輸出」與「輸入」的工作，這種工作也許有其「市場」，卻並非我們的初衷；也許可以成為維生之道，但卻不是我們的心靈之道。

那麼，現代佛教將會如何演變？未來又會是什麼面貌？如果我們相信佛陀的那句忠告，其實大可放鬆，讓時間將佛教與我們的各種文化相融合。隨著人們各自把領悟帶入人類活動中，佛教的面貌，將會有機的自動形成，並且形形色色、各自不同，例如波蘭的佛教，將不同於秘魯的佛教——在那些地方，年輕有活力的佛教正各自蓬勃地發展著。

我們常常想知道：「我們現在這樣的做法正確嗎？」不管佛教穿上了什麼樣文化形式的外衣，只要佛法的精髓，也就是「智慧」，一直存在於這個形式的核心中，那麼它應該就是適合該時該地的正確作法。

美式佛教

佛教發展出成熟文化形象的過程，與每個人走過心靈之道的過程有些相似。以美國佛教來說好了，它就經歷了這樣的過程：在剛開始的基礎訓練階段，學生們先學習什麼是佛教、怎麼當一個佛教徒——不管是哪一個宗派。在這階段，學生們總是謹遵該教派的修行方法與傳統形式，至於是不是「美式佛教」，不是大家關心的重點。在這起步階段的佛教團體，多少會和社會大眾有點格格不入，慢慢的，經過幾十年，佛教和佛教徒已經逐漸融入了社會，看起來和一般大眾已經沒有太大不同。近年來，我們已經很難從衣著看出街上的路人是不是佛教徒了。現在我們已經到了可以單純「做自己」的階段了，欣賞自己的美式迷惑，以及美式覺醒。

現在似乎到了佛教精神與美國精神可以攜手合作的時刻了，希望當我們跨出這一步時，可以超越文化與心靈的門戶之見，成為社會上的理性與慈悲之音。或許，傳統佛教界和年紀尚輕的美國佛教會有意見不同的時候，並因此造成短暫的陣痛，但這就像父母總是替孩子操心一樣，而孩子總是認為自己懂得比較多，比較酷。無論如何，每個新世代都必須去探索自己的新世界，而他們探索得越遠，就會越尊敬自己的家族傳統，並引以為傲。這是每個家族中都一再發生的故事，不是嗎？

現在輪到我們了，我們將帶來改變，也將被改變。佛教與美國文化的親密接觸，已經造成佛教團體改頭換面。

雖然美國學生走進佛法中心是為了學習東方哲學與禪修，不過在他們進門那一刻，把整個美國文化也都搬了進來。他們貢獻自身所學，不管是企業管理、組織運作、法律條文、財務規劃，在在都幫助佛法中心成為一個健全、民主、永續發展的機構。其他學生則幫中心設計網站，提供美好的美術設計、翻譯、出版，或者帶領課程、企劃活動……佛法中心不再只是讓人們沉思冥想的地方，它成為全方位的學習團體，舉辦各領域的研習活動和聯誼，老少咸宜，適合帶著孩子闔家光臨。當然，這與傳統佛教機構的做法大相逕庭，但卻是個不可或缺的改變，讓佛教在美國欣欣向榮。

另外，我們應該看看現代社會中，有哪些以「美國臉孔」出現的佛法，也就是說，看看佛法的智慧之中，有哪些是與其他傳統中的智慧不謀而合、有其共通之處的，又有哪些是人人生來皆有的智慧。我們應該跨出「這是我們的智慧」「那是他們的智慧」這種壁壘分明的思考模式。我的學生常常興奮地和我分享他們最近看到的文章或電影，因為它們雖然跟佛教無關，但是「根本就是佛法」。我的學生一直在教育我，教導我美國文化，沒事就一直寄書、CD和網址給我。不管是來自東方或西方的訊息，不管是古老智慧或是尖端科技，只要跟他們的生活息息相關，他們就渴望知道得更多，從「心靈如何運作」到「如何讓生活更環保」到「如何創業」……每一天，他們都讓我看到世俗生活與心靈之道如何合而為一。雖然「將生活與修行合一」已經是老生常談，但實際落實去做又是另一回事。

當我們不再相信「智慧是某些人或某些團體的專利」時，我們的世界會以不可思議的速度擴展開來。

如果今天佛陀還活著

如果今天佛陀還活著，他會想些什麼？做些什麼？如果佛陀活在現代世界，也許他現在正和物理學家、神經學家、意識研究學者共聚一堂，交換心得吧？因為這些科學家提出的問題，正好也是佛陀當年的問題，只不過現在他們使用的是生物學、數學、哲學的不同術語。如果這樣的聚會真能實現的話，也許我們可以聽到佛陀說出一些有趣的新開示；而另一方面，我們也可以從科學家的嶄新理論獲益良多。

時至今日，我們應該問問自己：這些來自各個科學領域的研究結果，對佛教的世界觀會帶來什麼樣的衝擊？對我們的禪修又有什麼影響？畢竟這些知識在佛陀的時代都尚未以此形式存在。另一方面，在概念止步的領域，在實驗室的觀測與測量方法都幫不上忙的時候，科學又能扮演什麼樣角色？無論如何，現今科學與佛教的交會，正產生豐富而挑釁意味十足的東西方對話，不斷突破已知與未知的界線，或相對真理與究竟真理的界線。沒有人的目的是希望改變真理、實相，相反地，我們對實相的知識正以令人耳目一新的方式，戲劇化的增加之中。

然而，如果這些知識不能用來為慈悲心服務，就只對知識的擁有者有幫助，這是一種智慧的浪費。我們對這世界所能做的最大貢獻之一，就是學習如何讓我們彼此能和諧無諍地在世界上共同生活。佛陀一生都非常關心一件事，那就是如何創造一個和諧的社群，他為僧眾制定的數百條戒律，不只是為了幫助這些比丘與比丘尼達到證悟解脫，也是為了建立一個沒有暴力的、和諧的生活環境。當然，現代的佛教團體不是寺院，也不是閉關中心，也許我們並沒有一樣的戒律，但是我們可以朝一樣的目標前進。

那麼，回到剛剛那句佛陀說的話：「隨順當代與社會變化」。如果今天佛陀還在我們身邊，他可能會把我們送去參加培訓課程，學習「團體動力學」（group dynamics）、「團隊凝聚力訓練」（team building）與「化解衝突的藝術」（conflict resolution），甚至可能把我們送去和心理治療師聊聊，讓心理醫師處理我們的個人困擾，免得我們一天到晚拿這些問題去煩他，也免得這些問題連累到家庭和社會。

就算是個很棒的禪修者，也不表示他具有與人相處所需的良好溝通能力，以及處理人際關係的技巧。欠缺這些技巧的人，就該考慮去參加一些訓練課程。如果我們一天到晚都要不停地對人解釋：「我不是那個意思！」那永遠難以讓團體穩定、和諧。而在我們接受那些訓練的同時，也能貢獻一己所學，將禪修的好處、覺察力與覺性的有用之處，回饋給這些教育組織或系統。

任何方法，只要它能夠幫助我們學習與自心、情緒相處之道，只要我們能將它納入覺性與禪修的練習中，它就可以成為修行的一部分。這一切都能幫助我們學習如何成為一個更加覺醒、更有覺性的人類，為這世界帶來一些有意義的事物。

「藝術」，在佛教的歷史中，一直被認為是面對情緒、探索情緒、分享人類共同經驗：快樂、悲傷、喜悅、惆悵……的重要方式。我們的心原本就充滿創造力，只是有時我們阻礙了它。當我們學習一種藝術，有點像是在情緒之上加入自律的訓練，同時，也是在滋養創造力與直觀的智慧。當藝術搬上舞台時，更會有一種與觀眾交流的特殊力量，這樣的交流一旦形成，觀眾與藝術家之間再也沒有分別，觀眾也以某種方式成為了藝術家，觀賞者與藝術家之間有一種身心合一的感受。

重點是，無論從事什麼工作，有著什麼樣的興趣，我們都可以讓自己的心靈之道成為一種生活方式，也讓我們的生活成為智慧與慈悲在世間展現的基礎。就算是佛陀自己，他也不是只關心究竟的真理，或只對幫助眾生解脫痛苦這件事有興趣，他對於社會福祉有著深刻的思考，在他的教導中，經常反映出心靈成長與社會制度之間的關聯性。他教導人們先以改善自身、得到一些領會作為心靈之道的開始，然後一步步生起了悟，因而能夠在了悟中為一切眾生敞開心門，以這樣的方式，個人心靈的成長過程，便成為一個社會發展出和諧與凝聚力的基礎。

在一些比較鮮為人知的、關於世間法的經典中，佛陀為我們介紹過一套以民主原則建立的社會組織系統，細節之詳盡與範圍之廣，都令人吃驚。他提到選舉國家領袖的方法、各級領導人應該具有什麼樣的條件、應該為照顧百姓肩負起什麼樣的責任；他談到如何建立健全的經濟，以避免失業與食物短缺的問題，以及為人民提供足夠的住所與通訊方式。他甚至談到在什麼情況下，政府有權接收財務困難卻又與國家經濟息息相關的公司。他主張國家有讓人民受教育的義務，並且應該消弭派系之爭，讓不同宗教與哲學派別的信仰者能夠真正的攜手合作。他也提到建立一支強大、警覺的軍隊的必要性，以保障人民生命與財產。他主張建立公正而堅定的司法體系，卻又能在執法的同時，以某種方式幫助罪犯改善行為。而這一切制度中的指導原則都是慈愛、悲憫、慷慨施予以及無我[1]。

依據佛陀的說法，所有人在根本上都是平等的，無論我們的社會地位高低、財富多少，無論我們是什麼種族、血統、性別，也無論我們愛什麼樣的人，都是平等的。要評斷

1 此段文字大義參考自《地藏十輪經》（The Ten Wheels Sutra），全稱是《大乘大集地藏十輪經》，收於大正藏第十三冊。

一個人，只能以他的行為作為基準。所以在佛教的世界中，不會有「女性升遷限制」，不會有「移民人數限額」，也不會有「次等公民」這回事。如果我們正在發展的社群沒有真正的開放和包容力，那麼它們將不會是強健有力，朝氣蓬勃、可長可久的團體。

然而我們所做的這一切不是為了「招攬信徒」，也不是像政客一樣要「擴大基本盤」，我們並不是要提昇「心靈的市場佔有率」，好讓自己舉辦的活動座無虛席，T恤全賣光。我們追求的不是造作的手段，我們只是試著成為一個真誠的人類，熱切地希望投入世界。如果這樣還不夠，那追隨佛陀的我們就無處可去了，不管是不是在美國。

丟掉文化的包袱

當初西方佛教的開路先鋒花了好大一番力氣，克服重重障礙，才讓這「新傳統」為人們所接受，並且願意修持。人們所面對的不只是異國文化，還有一些奇異的新概念，像是「無我」與「空性」，這對西方心靈來說簡直匪夷所思。無論如何，最終他們接受了禪修，開始探索自我。時至今日，大約五十年過去了，該是有所改變的時候了。

今天的我們卡在心靈成長的某個環節，停滯不前；最初如同暮鼓晨鐘般令我們省思的事物，如今卻難以將我們從概念中喚醒；原先幫助我們追根究柢、探索自我真面目的東西，現在卻反而阻擋我們的了悟。

現在該是自問如何突破的時候了。現在我們所面對的挑戰，是要打破對於「佛教文化」的執著，我們在這些文化的帶領下成長至今，一向以它們為仿效的對象，對它們崇敬有加，以至於這些文化現在成為困住我們的另一個陷阱。

也許你會認為「這不是我的問題，也許別人有這方面的問題吧，我可沒那麼傻。」是嗎？請再想想。我們全都一直背著老舊的形式與概念活在現代，連自己都沒發覺，就像穿著異國服裝、披掛著古老的飾品走在大街上一樣，而我們之所以如此，是因為我們還是認為「修行」（spirituality）存在於外界某處，不相信它就和我們在一起，就在我們每天的生活中。所以我們總是夢想著到東方一遊，或去尋找一位叫「上師」的人。

當佛陀覺醒時，那一刻，他坐在森林中的一棵樹下，只以綠草為座墊。他的身邊沒有什麼神聖的物品；而他也沒有做什麼特別的事，只是看著他的心。他所擁有的只是過往的生命體驗，以及如何探索自心的領會。他唯一的財產是決心和篤定的信念，確信不管心中生起什麼，他都有能力應付，並能將它轉化成邁向覺醒的道路。

我常常請學生到戶外去禪修，去坐在公園椅上，呼吸新鮮空氣，抬頭看看天空，看，多美！但是很多學生卻告訴我他們做不到，因為他們覺得「沒有禪修的氣氛」。沒有禪房，沒有佛像，沒有座墊，也沒有厚厚的佛書。回到家也是一樣，不管是坐在祖傳的老椅子上，或是IKEA的抱枕上，都無法禪修。「我可能需要一個日本式的蒲團，」他們想：「或是西藏式的座墊，而且要正統佛教文物店出品的標準規格，不然我沒辦法禪修。」照這個邏輯看來，任何時刻，不管是去超商買東西、開車或做什麼事，都比不上「真正」在座墊上禪修時來得殊勝。但請你告訴我，開車的心、購物的心以及靜坐禪修時的心，有什麼不同？你會有不一樣的情緒和念頭嗎？

當我們受到所學文化的太多制約時，一種無形的壓力就籠罩頭頂。我們對事物失去了直接的反應，相反的，我們是透過「規則」與「慣例」的濾鏡，在看待眼前發生的事情。特別是在佛堂或禪修教室裡，總瀰漫著種種不成文的規則，如果不照規定來，心裡會覺得很不舒服。比如，老師一走進來，大家就要頂禮，這就是規則。如果要我們改變作法，可能會讓我們驚異萬分，覺得做錯了什麼。事實上，我們根本沒有真正去看走進來的那個人，根本沒有和他產生真正的聯繫，因為我們的心已經被各種想法佔滿：「哇，這個人是轉世的聖者耶，出生前就被認證了，他的修行一定怎麼樣怎麼樣了……」這些全都是我們的狗屁概念。

當我們看起來像個佛教徒，說起話來像個佛教徒，也像其他佛教徒一樣盤腿坐好，我們就覺得自己已經自動變成佛陀的信徒了。然而，所有這些概念正好將我們與佛陀的示現，以及他帶給我們的訊息——那絕對單純的真理，一刀兩斷。我們所做的這一切，只是為了覺醒，只是為了自由；而我們所使用的一切形式，都只是為了幫助自己達成這個目的。就算我們能把一千種儀軌演練得完美無缺，卻沒有在其中與自心相應，那這一切就毫無意義，也沒有利益可言。如果我們不在每天的生活中培養覺性，那就是沒抓到重點。

只有當我們與佛法之間直接連上了線，產生一種深有所感的切身連結，讓自己得以回歸生活與自心，這時真正的西方佛法傳承，或美國的佛法傳承，才有成長茁壯的可能，無論在任何現代社會中都是如此。只有當我們打破自己用傳統文化一層層築起的厚殼時，這一切才有可能。不過，這並不只是改變形式的問題，並不是說用另一種形式取代原來的形式就好了，因為這樣並不是改變，只是像換信用卡公司一樣，從 Visa 卡換成「萬事達」（Master Card），帳單不變，改變的只有帳單上的公司標誌。同時，這裡的意思也不是只要我們忽視一切亞洲佛教文化，然後希望排除這一切以後還剩下一些什麼，搖身一變成為西方佛教——並不是忽視其他文化形式，就能幫助自己的傳統成長。

那麼，什麼才能帶我們擺脫綑縛，切斷心理的枷鎖呢？

我們需要心中那叛逆之佛的勇氣，幫助我們縱身一躍超越形式，更進一步深入自己的修行，並且找出一個可以信賴自己的方法。我們必須成為自己的嚮導。最終，除了自己，沒有人能帶領我們走過人生的風景。以這樣的方式，我們起身站穩腳步，回頭發現在那麼多前人的足跡之中，自己不是孤單的，過去的歷史如今第一次成為真正的助力，而不再是包袱，傳統中的智慧與能量令我們振奮昂揚，而前方是開放、廣闊的，那是我們的空間，等待我們遨遊。這是我們的冒險旅程，而我們所做的一切是有目的也有意義的：我們的探索與發現將為自己帶來真正的自由，最後也會幫助其他旅人完成他們的旅程。這就是我們解開枷鎖的方法，也是我們發展出真正現代且與自身相應的傳承及其表現形式的方法。

不過，假如我們做不到這一點，也許應該考慮，重新來過，讓自己重新變回「新鮮人」。

我們不妨丟開所有的禪修墊，扔掉所有的佛教裝飾品，包括認為自己是個佛教徒的概念在內，然後簡簡單單在四面白牆的房間裡坐下來，重新開始。這聽起來好像有點極端，但反正我們本來就身處於一個「文化氾濫」的極端了，為了自己好，最好暫時跳到另一個極端，先到一個沒有文化的地方去，然後再慢慢回到中間來。有時候把自己推向極端，是啟動心靈革命的唯一方法。假如我們以為自己可以從執著文化的極端，直接跳到與文化共存卻毫無執著的境界，那我們永遠可以為自己找到推托之詞：「沒錯，我是在佛堂裡禪坐，沒錯，我進出佛堂都會行禮如儀地禮拜一番，但我對此毫無執著。」改掉老習慣是很難的。我們很容易就回到執著的舒適老窩，卻告訴自己這裡是免於文化污染之地。但如果我們將自己丟到另一個極端，就沒有推委的餘地了，因為所有可以攀執的形式都已經消失無蹤。

我們也不用擔心自己會受困在這極端之中，因為過去的習性會自動把我們往反方向拉，就像一個強力吸鐵一樣，把我們拉回去，就這樣，我們會來回擺盪個好幾次，最後兩極之間的拉鋸會慢慢緩和，停在中央。這就是找到中道的方法。

多年前，佛陀正是使用這樣的方法，找到了超越一切極端的中道，依此中道而得到最後的突破，從一切錯謬誤解中解脫，進入完全覺醒的廣大境中。讓我們記得他的榜樣，也試著這樣做。

這就是為何我們會在靜坐或是觀心的地方，放著佛陀的形象。佛陀不是一個讓我們崇拜的偶像，而是啟發、鼓舞我們的力量。當我們在心中想起佛陀時，就像是看鏡子一樣；我們每天都會對著鏡子梳頭、刮鬍子或化妝，但是在佛陀這面鏡子中，我們要看到的是自己的真實面貌，證悟的面容。當我們這樣觀看時，心中浮現一個訊息，我們彷佛聽到自己告訴自己說：「是的，你也是佛，你也有一樣的證悟潛能，你隨時都能覺醒，就像釋迦牟尼佛與其他諸佛一樣。」

因此，當我們在心中想著佛陀，其實是試著要看清自己證悟的本質，我們試著讓自己明白：一切的佛法就在這每天的日常生活中，不管是上鋼琴課、開車送孩子上學、從酒吧走路回家，或把自己鎖在關房裡三年三個月……這一切都完全相同。

想起佛陀的教導，我們就不會忘記這通往覺醒的道路，也會想起我們的傳承，想起傳承中曾經有那麼多人完成了這趟旅程，而此刻也正有許許多多人走在這條路上，邁向解脫。每當想起他們，勇氣就在心中油然而生，因為我們知道「證悟」不是只在千年前發生一次的歷史事件，就在今天，偉大的佛法導師與東西方熱誠的修行者所共同組成的社群，正讓「證悟」以他們的面貌活生生地呈現著，這些人也是證悟的鏡子，從鏡中我們可以照見自己的面容。

當我們這樣望去時，超越了二元對立，在這開放廣大的時刻，再也沒有主體與客體的分別，他們的心與我們的心沒有分別，他們的證悟與我們的證悟沒有分別。分開的二者，如今已經合而為一。

附錄

歡喜、悲傷與憂鬱，看似沉重，卻無一絲真實性。
所以，在這竹園裡，我坐了下來，
於是，我開始看見，清澄、明亮，內在之光，
如此寧靜的愛。

附錄1 禪修入門

禪修的練習，基本上是一種透過「熟悉自心」來認識自己的過程。

以佛教的觀點看來，心一直都是覺醒的，心的本質是覺性與慈悲。為了讓我們能夠完全認識心的本質，全然享用自心本性的美好，佛陀教導過各式各樣的禪修方法，而不管我們練習哪一種，其目的都是為了提升自己的覺察力與覺性，增加心靈的祥和寧靜，強化自己處理情緒與煩惱的能力。

止禪（Shamatha），是一種培養心靈「止靜」能力，讓心能夠越來越有能力維持「止靜」的一種禪修練習。平常我們心中充滿了風起雲湧的念頭，而所謂的止靜，就是讓念頭所造成的煩亂與壓力平息下來。

我們的心不但忙著東想西想，念頭更總是徘徊於過去與未來，不是沉緬於重溫往事，就是癡迷於預想、準備著未來；一般來說，我們根本沒有體驗到「當下這一刻」的感受。如果讓這種情況繼續下去，我們的心將永遠沒有休息的機會。總是活在過去的記憶或幻想臆測的未來之中，是很難讓我們感覺心滿意足的，就算我們所想像的那一刻真的到來了，我們卻已在盤算另一個未來，一個「更棒、更美好」的未來。

止禪也稱為「靜坐禪修」，它可以讓我們有如狂風巨浪的念頭平靜下來，冷靜下來。經過一段時間的靜坐禪修之後，心會自然的沉澱到一個休憩的狀態，讓我們得以全心全意感受此時的生命；當我們不再被拉扯到過去與未來，就可以放鬆，真正去體會當下此刻。

另外，禪修也有助於令其他兩種訓練（也就是「自律」與「智慧」的鍛鍊）得以成功。這三種訓練都有賴於一心專注在這條道路的能力，以及能夠看清自己到底所做何事、所為何來的能力。我們進行這三種訓練，來將自己從習性與各種錯誤的見解中解脫出來，否則這些習性與錯誤看法不但讓我們受苦，而且讓這痛苦永無止盡。

以下所要介紹的，就是理想的禪修坐姿，以及三種靜坐禪修的方法，其中兩種專注於呼吸，另一種則專注於外境。

靜坐禪修

開始靜坐之前，首先你需要一個舒服的座位，你可以使用任何座墊，只要足以讓你能夠穩固的坐直即可。你也可以坐在椅子上。重點是要能夠放鬆卻挺直的坐著，讓脊椎可以打直。如果你是坐在座墊上，讓雙腳舒適的交疊；如果是坐在椅子上，則讓雙腳平直的放在地板上。雙手可以輕鬆放在膝蓋上，或置於腿上。雙眼微張，視線輕鬆的落於眼前不遠處的地上。這個姿勢最重要的重點，就是既能夠坐直，又能夠放鬆。

身體的姿勢對於心有著非常直接且強大的影響，挺直的坐姿能讓你的心自然休憩在平靜祥和之中，彎腰駝背則會讓心難以安寧。

一旦舒服的坐穩了，接下來的重點便是讓自己完全身處於當下。換句話說，你是一心一意專注於此，而不是分出半顆心在外流連。事實上，如果你把所有的注意力都放進來，你的練習會容易得多，也會放鬆得多。

讓心專注的方法有許多種，此處所要介紹的是三種最常見的方法，第一個練習稱為「隨息」（following the breath，追隨呼吸）。

練習1 隨息

「隨息」的方法很簡單，以禪修姿勢坐下來，看著你的呼吸，除此以外就沒有什麼事要做的了。讓你的呼吸保持自然，平穩而放鬆，不用刻意改變平常呼吸的方式，只要把注意力放在呼吸上，專注於鼻端、唇上的出入息，真正地感受呼吸，去感覺呼吸的出入。

這時候，你不只是看著呼吸，一旦習慣了這個方法，事實上你就變成了呼吸。吐氣的時候，感覺著吐氣，和它合而為一；吸氣的時候，感覺著吸氣，和它合而為一。你就是呼吸，呼吸就是你。

吐氣結束的時候，讓心和氣息消融在面前的空中，彷彿有個片段的空隙一般，在那片刻空隙中放下，放鬆，隨它去。把一切感受統統放下，只要放鬆即可。當身體覺得要吸氣的時候，就自然的吸氣。不用急。把心放在吸進來的氣息上，去感受它，然後在那廣大境中放鬆。

如果念頭讓你分心了，就重新把心和呼吸結合在一起。集中注意力，一心專注。把注意力特別放在吐氣上。什麼叫「一心專注」呢？想像走路的時候頭上頂著一碗熱油，然後旁邊有人說：「灑出一滴油就砍下你的頭。」這麼一來，你自然就會很專心，小心翼翼不把油灑出來。你會百分之百活在當下。這就是一心專注。

無論發生什麼，讓這樣的循環繼續下去：吐氣、消融、空隙、吸氣……如此一再重複，你將會感受到心與氣息的自然合一。

當你開始放鬆下來，就會開始享受你的呼吸，這也就表示你開始享受當下，因為呼吸是當下發生的事情。吐氣時，一剎那過去，吸氣，下一剎那又到來。享受呼吸，同時也表示享受這個世界，享受你的存在，享受周遭的一切，同時對自己的存在感到滿足。雖然說了這麼多，但簡單說來，就是享受當下此刻，而當你享受當下時，也就表示你正活在當下，這是毫無疑問的。

就這樣，吐氣的時候，專注，把注意力放在吐氣上；吸氣的時候，放鬆，感受著那氣息，享受那當下。

這就是以呼吸來禪修的一般方法。雖然只是吸氣與吐氣，但卻有著極大的威力。

練習2 數息

當心開始模糊，變得漫不經心，「活在當下」的感覺又消失了，這時，你可以用一種叫做「數息」的方法來提升覺性。

數息的方法很簡單，專心看著呼吸，然後每呼吸一次（吸氣＋吐氣），就數一次，從一數到十。每當你發現自己的心隨著念頭飄走時，比方說，數到三的時候分心了，就回到一，從頭數起。就這樣繼續下去，直到你能夠從一數到十而不分心。

你也可以數得更多一些，例如從一數到一百，隨你喜歡。但是不管數多少，也不管數到哪裡，都要全心專注於那當下。

以這樣的方式數息，可以強化記憶，提升覺察力；它自然能對治健忘的毛病，因為「能覺察」就代表「不會忘記」。

練習3 專注於外在的焦點

「止禪」還有另外一種練習方法，那就是以外在物體作為視覺的焦點。這個禪修方法的所有要領都與前述的靜坐方法相同，只有一點不一樣，那就是現在我們注意力不再是放在內在的身體感受，而是轉移到一個外在的物體上。

挑選一個你喜歡的物體，一朵花、一顆鵝卵石，或是一個電視遙控器，都可以。你也可以選一尊佛像或是佛像的圖片。不管你決定使用什麼，剛開始最好只把注意力集中在那東西上面的一個小點上，否則你的焦點會不夠清楚。讓這個小點成為注意力的主要焦點，呼吸則是其次。

看著一個東西禪修，一開始可能會讓人覺得有點不知所為何來，尤其是盯著原子筆或石頭這種「沒意義」的東西的時候。然而，這樣的練習不但非常重要，而且也非常有用；因為在禪修之外的其他時間，我們都是活在感官的世界裡，活在各種不斷變動的感受中，而這個禪修方法正是直接以感官作為禪修工具，所以它可以幫助我們將禪修的體驗帶入生活中。一旦學會了以視覺焦點來禪修以後，我們也就能讓心休憩在聲音、氣味、味道和觸覺上面。然而如果一開始就要用聲音、氣味、味道與觸覺這些感受來禪修，是比較困難的，因為它們比較難以捉摸，所以我們先從看得見的物體開始。

這種禪修可以隨時隨地以任何對象進行。你甚至可以在上班的公車或地鐵上練習，當其他乘客盯著地上的垃圾或牆上的塗鴉，以避免和陌生人目光交接的同時，你也可以盯著一個東西看，以提升覺性和內在的寧靜。重點是無論在哪裡，無論在做什麼，你都可以在當下的體驗中生起清明與鬆坦的感受。

以此方式，我們將覺性帶到生活中，影響所及不只是改變了我們對事物的感受，也改變了我們與事物的互動。一般來說，當我們看到一個東西，先是覺知到它的形狀與顏色，接著就產生了喜歡或不喜歡的反應，並因此聯想到記憶中的其他人事物，以及過去種種。而以外在事物作為禪修對境，能讓我們對這些念頭與情緒的感知變得較為清明，這樣的訓練讓自己越來越能夠活在當下，能夠同時活在當下的內心世界與外在世界，這也就表示，我們能夠更全面地活在當下。

呼吸的時候，這呼吸只發生在當下；看東西的時候，你是在當下看著它。念頭與情緒，也只存在於當下此刻。此時此刻，沒有昨天的呼吸，也沒有明天的呼吸；同樣的，沒有今天早上的念頭，也沒有今天晚上的念頭。無論任何一個時刻，你所見的這一切，就是當下的面貌。

以這樣的方式禪修，讓我們的身心逐漸合一，心靈與肉體之間逐漸取得平衡，而身心的合一會帶來一種「完整」與「圓滿」的感受：在自心與世界之間，沒有鴻溝，在覺性與被覺知的對境之間，沒有界線。這將為你烏雲密佈的不安心靈，帶來祥和寧靜、穩定與覺醒的感受。

上述任何一種禪修方法都可以幫助我們達到這個目標，不管你所使用的專注對境是呼吸，或一支原子筆，是佛像，或是女朋友的照片、男朋友的照片、小貓的照片、小狗的照片……都沒關係，只要你的心可以輕鬆的安放在那上面即可。

念頭來了怎麼辦

一旦開始練習禪修，心裡的話匣子絕對會大大敞開，是的，別懷疑，無數的念頭會不請自來。其中有些念頭會顯得特別重要，因而轉變成情緒。有些念頭則和身體的感覺有關，例如膝蓋痛、背痛、脖子不舒服。另外，有些念頭更是以緊急事件的姿態冒出來：突然想起一封忘了回覆的緊急郵件，一通非打不可的電話，或是猛然想起今天是母親的生日，諸如此類，不勝枚舉，然而這時你該做的不是從座墊上跳起來，而是認出它們只是念頭，如此即可。念頭引誘你上鉤、讓你分心的時候，你只要告訴自己：「喔，這是個『媽媽今天生日』的念頭。」就行了。只要認出那是個念頭，然後就放它走。

靜坐的時候，我們對待所有念頭都一視同仁。念頭都是平等的，不要把哪個念頭看得比其他念頭重要，否則，我們將失去專注力，而心就這樣溜走了。

有一次在長途旅行途中，為了更換衣服，我在機場買了一件襯衫。那是一件挺好看的深藍色襯衫，我沒細看就穿上了。一直到坐上飛機，才發現衣服上有個圖案，那是一條魚，旁邊沿著衣袖有一排字樣：「捉了就放」（Catch and Release）。真是太棒了，簡直是天外飛來的訊息，我居然把禪修口訣穿在身上。這句話後來就成了我那趟旅行的禪修功課，而你也不妨把它用在禪修中，那就是：捉到念頭以後，就放了它。用不著迎頭痛擊，亟欲除之而後快，最後才把它放走。不，念頭來的時候，只要認出它是個念頭，就可以放它走。

關於「念頭」的話題，值得多說幾句。因為我們常常忘記禪修其實是體驗各種念頭的過程，認為禪修就應該是完全無念、完全平靜才對，這是一種誤解。禪修是一個練習的過程，而不是最後的成果。而所謂過程，就是要練習和一切內心生起的林林總總打交道，所以才稱之為禪修「練習」。

當一個念頭出現時，看著它，認出它是一個念頭，然後就隨它去，放下，放鬆。一再一再如此反覆練習。也就是說，當我們練習將心安放在呼吸或一個物體上的過程中，其實是一直反覆地出現分心的狀況，而覺察力會將我們帶回當下，重新專注起來。藉由一再重複這個過程，我們就能強化專注力，就像運動的時候透過肢體一再彎曲與伸展，肌肉就會強壯起來一樣。而幫助我們的心伸展專注力、讓專注力強壯起來的工具，就是呼吸，這就是為什麼「呼吸」在禪修中如此重要的原因。

請記得，我們是在「心」上面下功夫，而心總是處於各式各樣、不可預期的影響力的作用之中，所以不要期待禪修的狀態永遠不變，或者隨著你安排的進度表前進，也因此，我們不必因為禪修狀態時好時壞而灰心，時好時壞、起伏不定並不代表你無可救藥，只是讓你知道必須繼續練習下去，你也會因此明白禪修之所以如此有用的原因。

養成堅定的專注力是需要時間的，然而一旦養成，你會發現你有能力將心置於任何你所要專注之處。禪修，培養心靈的力量，不只是個修心養性的好方法，事實上不管你要學習任何事物，完成任何目標，禪修都對你很有幫助。當你的心隨著禪修練習變得越來越平穩和寧靜，你對於每一時每一刻中所發生的事情，都會有更多的體會和感受；你會開始感覺人生變得有趣多了——你真正的人生，比你所想的那些「概念人生」有趣多了。

分析式禪修

經過「靜坐禪修」，讓心養成一定的穩定度之後，接著我們可以在禪修中加入一些「分析式禪修」的練習。分析式禪修（analytical meditation）是一種深思默想的練習。我們刻意地想著某個與自己關係重大的事物，同時仔細檢視自己平常看待這件事物的想法。

我們要特別觀察的是自己所抱持的信念，看看這信念背後的邏輯是否正確合理。也就是說，我們使用「念頭」作為工具，來推敲、解析自己所相信的觀念，而這工具我們用得越多，它就會越銳利。如此一來，我們平常迷惑又不準確的心，最後將發展出無比的清晰度與靈巧度。

許多人都很喜歡分析式禪修，因為某方面看來，它很像是在玩遊戲——一個解開「自我」之謎的策略遊戲。過去「自我」讓你一直相信它的存在，好讓你繼續執著下去，而現在你必須以智取勝，破解自我的詭計。

分析式禪修屬於「三種訓練」（見本書第七章）中的第三種：生起「智慧」的練習，因為它具有喚起深刻洞見的力量，而這種洞見最後將會讓你超越分析與概念性的理解，直接見到心的真實本性。

從某個角度看來，分析式禪修有點像是一場你與自己的對話。開始對話之前，先選一個讓自己感興趣的話題，然後從這個主題出發，開始向自己提問，重要的是，這必須是一個真正的問題，一個你真正會在意的問題，而不是諸如「史上最偉大的搖滾樂團是哪一個？滾石還是披頭四？」這類的問題（替這類問題找答案也許很有趣，但可能對於解除痛苦沒有太大幫助）。然而諸如：「到底有沒有一個真實的自我存在呢？」這樣的問題就關係重大了，所找出的答案會讓人生全盤改觀。

在這場對話中，最終的目的是要找出我們所執著不放的這個「我」到底是什麼，同時仔細檢驗自己的概念和推理。例如，為什麼我們會認為有一個「我」存在呢？如果「我」真的存在，那麼它在哪裡？它是什麼做的？平常我們總自認為是個理智的人，思考起來條條有理，很有邏輯，然而在分析式禪修的過程中，我們會發現許多自己原本所認定的道理，其實邏輯破綻百出，大有問題。

在這禪修之中，最重要的規則是對自己誠實。你真正的想法是什麼？真正的感覺是什麼？真正看到了什麼？如果你夠單純，夠真實，那麼可能會有許多意料之外的發現。你只需要跟著線索前進，讓證據說話，就像電視影集「CSI 犯罪現場」一樣。

以下介紹幾個我們通常不假思索就認定如此的概念，以及一些如何分析的例子。

禪修方法

在分析式禪修開始之前，與先前的靜坐禪修一樣，先坐好，讓心放鬆。接著，相當有意識地生起一個念頭或是問題，讓自己盡量專注在這個問題上，如果你的心思隨著一個接一個的念頭四散紛飛，不知所終，那麼暫時停止，讓注意力回到呼吸上，練習一會兒「隨息」的禪修。當心沉靜下來，就繼續之前的分析。不過，並不需要全部從新開始。

在一段禪修結束之時，如果能再度靜靜地、不分析地坐幾分鐘，會是很好的。當你以同一個問題，一再地進行分析式禪修，經過一段時間之後，它會開始滲入你的生命之中。它將會在你心裡的「幕後」繼續運作著，日後當你在刷牙、洗澡，或是對著電話帳單大發雷霆的時候，答案可能會突然浮現。

分析式禪修：關於「我」的一段對話

我們可以從佛陀說過的話開始分析，例如，想起佛陀說過的這樣一段話：「每個人都相信自己有一個真實存在的『我』，但那其實只是個幻想。」

接著我們會想：「雖然我尊敬佛陀的智慧，他說的話也應該可信，但我還是覺得有一個『我』呀，說我不存在，這聽起來一點道理也沒有，跟我的經驗完全相牴觸。我就在這裡，這就是我，我就是昨天、前天、去年、二十年前、三十年前……那個相同的人啊，而未來我會退休，然後去環遊世界。」

然後，如果你檢視自己的這一番說法，你又會問自己：「如果小時候的我和長大的我以及退休的我，都是同一個我的話，那麼這當中保持相同不變的是什麼呢？是相同不變的身體嗎？還是心？嗯，我想這身體或許不同，心卻是同樣的心。但是，難道小時候的我和現在的我知道一樣多的事嗎？小時候的記憶和現在的記憶相同嗎？」

以這樣的方式，繼續分析下去。關於「我一直是同一個人」這個概念，其實隱含了兩個想法：「單一個體」與「恆常不變」（sameness and permanence），值得我們深入觀察。

自我的存在條件之一是「恆常不變」，不是嗎？但看看四周，看看我們所居住的這個星球，看看宇宙萬物，你可以找到任何恆常不變的事物嗎？照道理說，一個「恆常不變」

的事物代表它會永遠存在，不會消失，任何方面都不會有所改變。一旦有所改變，那麼，它就不是同一個事物了，也就不是恆常不變的了。

接著你也許會想：「不過，當我說『這就是我』的時候，我知道自己所指為何，有一個清楚的單一個體在那裡，代表著我，而不是別人，也不是別的事物。」

如果真是如此的話，那麼就問問自己，這「單一個體」指的是什麼？是你的身體，還是心？還是其他事物？如果你說是身體，那麻煩就大了，因為這麼一來你的「自我」就沒有心了——只有身體、大腦，卻沒有意識。如果你說是心，那你的「自我」就跟身體沒有關係了。

很明顯的，「我」是無法與身體或心兩者之一完全分開的。那麼，也許你會想，「我」應該是身心共同組成的吧。不過這麼一來，你得拿定主意：身與心，到底算不算是同一件事物呢？如果是，表示它們是完全相同的；如果不是，那它們是不同的兩回事。所以問問自己，身體與心有什麼相同之處嗎？一旦深入分析，你可能只會找到兩者的不同之處——身體是物質，心非物質。身體不會思考，心不能吃喝，也不能到處走動。

既然「我」不可能僅只是身體或心其中之一，那一定是身心共同組成，而既然身心不是相同的事物，意即它們不是同一個體，那麼，自我就不是一個「單一個體」了。

以這樣的方式進行思維，並審視這些想法是否站得住腳，你必須挑戰自己的想法。

現在讓我們進一步來審視「自我」。不管是身體或心，都是由許多部位所組成，兩者都不是不可分割的單一個體。難道說不管有多少組成身心的部位，就有多少個自我嗎？那如果其中一兩個部位消失了，又會如何？例如，如果失去了一隻手臂，或是失去了視力，你的「自我感」會因此而削減嗎？

你也許會想：「好吧，也許這些理由不夠充分，不過我還是覺得有一個『我』，我有著獨立的存在和完整性，我不是別人思想或行為的產物。」這時，再一次地問問自己：「在這個『我』之中，到底有什麼獨立於任何事物之外的東西存在呢？」這個你所認同的自我，受到了多少家庭、社會、教育、健康，甚至飲食因素的影響？如果換了一個不同文化的成長環境，你還會是同樣的你嗎？在這個「我」之中，包括你的思考模式和價值觀在內，有哪個部分不是各種因素和條件的產物？

認為自我是「獨立」的，這樣的概念代表你是「自己創造出來的」，生來即是如此，完全不是環境影響下所形成的產物。這是你真正的想法嗎？

就像這樣，我們展開一連串質疑、提問的過程，並盡可能的往下推演。重點是要看到自己抱持著什麼樣先入為主的信念，而這些信念又代表著什麼意義；看到越多，就會越覺得它們不合邏輯。

前面所舉的例子，是為了點出我們常見的「自我」信念，其實是錯誤的看法，一經分析便站不住腳。雖然可能沒辦法完全說服我們「自我不存在」，至少也讓我們發現自己對「我」的概念有多麼含糊。我們不曉得「我」在哪裡，更別提它到底是什麼了。例如，頭痛的時候，你會說「我頭好痛」，而不是說「這身體的頭好痛」。在廚房不小心切到手指頭，你會說「啊，我不小心切到自己」。這些例子都表示你認為身體就是你。然而，當你心情苦惱時，你卻會說「我不快樂，我很沮喪」，這又表示你認為你就是你的心。

所以有時我們執著這個身體，把它當成自我；有時又執著這心，把它當成自我。就這樣，在每天的生活中，我們不斷變換著想法，因為我們從來沒有仔細去看清楚過，所以始終不清楚自己到底是什麼。

無論禪修的目的是為了讓心平靜安寧，或是為了檢視自己抱持的概念，每一次的禪修，都是一次了解自心的好機會。不必把禪修當成一件不得不做的苦差事，那會把禪修弄得一點樂趣也沒有。事實上，禪修是非常有趣的，我們平常難得有機會仔細看看自己的心，現在一旦看著心，會發現好多以前從來沒發現的事情，這使得我們更加好奇，更想深入探索，想要鑽進這我們稱之為「心」的東西最底層，看看那裡到底有什麼。

現代人常會覺得自己很難空出時間來禪修，其實就算每天只禪修短短一下子，也會產生很大的正面力量。當然，每天能在一個安靜的地方靜坐三十分鐘，對你會有非常大的幫助，不過只要你方便，其實任何時間任何地點都可以練習，不管是在上班的捷運車廂、握著電話等待對方轉接的時刻，或是等開水燒開的時候……都是禪修的好時機。總之實際一點，找出對自己有效的方式，就實際去練習吧！

附錄2 詩三首

真實的幻術 TRUE MAGIC

念頭……
Thought . . .

你是最佳演員，
You're the best actor

整個好萊塢，誰也不是你的對手。
Hollywood has ever seen

你的戲碼，
Your dramas . . .

超越一切電視劇的評價，
Have higher ratings than any soap operas on TV

錯過任何一集都損失重大。
Can't imagine missing any of your episodes

你的特效，
Your special effects . . .

比夢工廠還屌，
Exceed the best of DreamWorks

如此真實，連你這原創者都被唬倒。
So real they can even fool their creator

沒有你的創造力，這世界怎麼存在下去？
How can this world exist without your creativity?

沒有了你，世界會變成一片空虛。
The world would simply be empty in your absence

沒有畢卡索，沒有百老匯秀，
No Picasso, no Broadway shows

沒有敵人，也沒有朋友。
And no friends and foes

你的幻術讓這世界真實起來，栩栩如生，刺激精彩！
Your magic makes this world real, exciting, and alive!

2008.11.11 寫於海峽咖啡館
Straits Café 11-11-08

你是誰？ WHO ARE YOU?

這麼有創造力，
You are so creative
這麼多原創的把戲，
And your tricks are so original
看看你幻變的戲法，
Look at your magic
栩栩如生、如此逼真，永無止盡。
So deceptive, real, and endless.

你真是個超級大編劇，超會說故事，
You are a great storyteller
情節多采多姿、情緒高低起伏、戲劇張力十足，
So dramatic, colorful, and emotional
我是你的忠實聽眾，
I love your stories
不過你可發現，你的故事一直不斷重複？
But do you realize that you’re telling them over and over and over?

你真是個大夢想家，
You are such a dreamer
對於夢中的角色，夢中的世界，
And you're tirelessly so passionate
充滿熱情，不厭其煩投入其中，
For your dream characters and the world
不過你可知道，你只是在作夢？
But do you see that you're just dreaming?

感覺上和你很熟，
You are so familiar
卻沒人知道你究竟是什麼。
Yet no one knows who you really are
你不就是人們所謂的「念頭」？
Are you not called "thoughts" by some?
你真的存在嗎？還是說，你只是我的幻想呢？
Are you really there—or simply my delusion?
你不就是老師們所說的「真實智慧心」？
Are you not taught to be the true wisdom mind?

要是能洞徹此心，
What a beautiful world this could be
世界將會是多麼美麗！
If only I could see through this mind.

不過沒關係，
Well, it doesn't really matter
因為如果沒有你，我也不存在，
Because I don't exist without you!
也許我該問的是：「我是誰？」
"Who am I?" is perhaps the right question
畢竟，我只是你無盡的化身之一！
After all, I' m just one of your many manifestations!

2006.02.07　寫於丹尼餐廳
Denny's 02-07-06

竹園 BAMBOO GARDEN

心，想說，卻找不到語言。
Heart attempts to speak But in the absence of words
心，剖析感受，卻只找到標籤。
Mind rationalizes the feeling And finds only labels
歡喜、悲傷與憂鬱，
Joy, sorrow, and depression
看似沉重，卻無一絲真實性。
Heavy but paper-thin reality
所以，在這竹園裡，我坐了下來，
So I sit like a rock
如磐石一般。
In a bamboo garden
我看著天空，感受大地，
See the sky and feel the earth
呼吸著此時此刻的空氣。
Breathe the air right here

於是，我開始看見，
Then I see
清澄、明亮，內在之光，
Clear and bright within
如此寧靜的愛。
Love so tranquil

2008.11.13　寫於紅星咖啡館
Café Redstar　11-13-08

附錄3 英文版編輯手記

《在自由的路上》一書來自於竹慶本樂仁波切兩次系列教學的集結，而在這兩次講述佛法與文化的課程之間，幾乎相差十年。

第一次是在一九九九年的秋天，當時仁波切對科羅拉多州博德市的「那瀾陀菩提中心」學員授課，講課內容之直接與生動精彩，令人驚奇萬分，仁波切迫使這年輕的佛法中心跳出形式化的修行，不要只是墨守傳統成規，而要能夠見到這一切形式的核心——那無形無狀的智慧。

十年後的二〇〇八年夏天，仁波切在西雅圖「西方那瀾陀佛法中心」，一次眾多學生出席的課程中，進行了一連十天的教授。他以再平常不過的生活化語言，講述佛法的修行旅程，而不使用佛教術語。幾天下來，在場的學生們才發現自己正在聆聽的是一場修行過程的精準描述，著重於修行者的內在體驗，而非理論架構。這次課程讓學生們回想起十年前在博德市那次令人振奮、單刀直入的演講。幾個月後，將這兩次課程結合為一本書的主意拍板敲定，《在自由的路上》就此誕生。

本書在編輯過程中，從頭到尾都得到仁波切的積極參與，從擬定雛型大綱到發展出全書架構，都是在他的指導下完成。書中除了取自兩次課程的內容，另外收錄了仁波切其他教學段落作為補充教材，特別是在幾次不同的時間所講述關於自心本性的描述，以及對於禪修的指導。

為了配合仁波切的行程，每一次修改後的草稿，我會以電子郵件寄給仁波切過目。時或不時，我會透過電話為他念誦其中幾個段落；而如果仁波切人在西雅圖，我就可以當面念給他聽。在這樣即席朗讀的時刻，仁波切會現場提出修正、改動的要求，甚至加入全新的內容；而這些指示全都來得飛快，彷彿不必經過思考似的。仁波切不變的堅持是：這本書應該使用生活化的日常語言，讓每一位對於心靈之道感興趣的讀者都有機會拿起這本書，並從中得到一些益處。

值得一提的是，在書稿成型的工作過程中，仁波切不只與我們就文化與佛法的主題進行精彩對話，同時還樂於為我們指出在每天的日常生活中，有哪些自然呈現的佛法，而當我們以一個「好佛教徒」自居的同時，他又看到其中有哪些是虛假的「佛法稻草人」。當學生提出問題時，有時他會以最近寫的一首詩來回答，有時則引用愛因斯坦或吉米・罕醉克斯（Jimi Hendrix 美國偉大的搖滾吉他手）的一句話，或是在他 iPod 隨身聽裡的一首搖滾樂來作為答案。而所有這一切直接、間接，甚至是神祕費解的交流與對話，都影響了這本書的面貌，為它注入一股活力。

經過大約一年時間（以製作一本書而言不算是太長時間），反覆閱讀與編輯這些教導之後，我至今仍然深受感動——在這麼少的字數中，竟然蘊含這麼大量的訊息！包括對於傳統文化的省思、對於佛法之道的完整介紹，以及如何在西方這片心靈沃土，建立起佛教團體與真實的覺醒傳承的周詳建議與鼓勵。我對仁波切滿懷感激，感謝他的這些教導，也感謝他讓我有機會與他共事。

如今這本書終於呈現在世人面前，我無法表達自己有多麼歡喜。

辛蒂・希爾頓　寫於西雅圖 西方那瀾陀中心

附錄4 初版譯後記

作為一個習慣使用「淺語」的童書作家，在學習佛法時，常有一個不切實際的夢想：要是所有的「佛書」都能夠像「童書」一樣：單純、直接、親切、明朗，而且好笑，那該有多好。

所以，當《在自由的路上》這本書出現在眼前時，簡直就像美夢成真一樣。

沒有高深莫測的佛學詞彙，沒有古老神祕的宗教氣氛，沒有陳舊的傳統形式，只有真誠、透明、現代、明快、單刀直入，幽默又動人，不時有觸動心弦、令人挺直脊椎的句子冒出。無論翻閱了多少次，至今，打開書中任何一頁重讀，都像第一次讀它一樣，充滿樂趣，深受啟發，偶爾還會起一些雞皮疙瘩。

佛，佛教，佛法，這些從小到大經常在生活中出現的字眼，因為實在太熟悉了，已經被各式各樣老舊的印象、概念層層包裹著：路邊勸世的標語、難懂的文言文、神祕的傳說、嗡嗡的念經聲、佛教服飾、文物與圖騰……彷彿如果你不能接受這些厚重的「包裝」，也就不能接受裡面的禮物：那毫無偽飾的、珍貴的佛法。果真如此嗎？

《在自由的路上》撕開了概念的重重硬殼，讓我看到後面清亮的天空。它刷新了我的視野，以往學過的佛教知識，都像假扮成大人的小孩，如今脫下大人的衣服，甩開老成的面具，重新露出親切可愛的笑容。好像第一次見面似的，我見到佛法這「心靈科學」的美好與實用。

本書在翻譯的過程中，依照作者的指示，採取比較淺白、生活化的語言，以及比較「有彈性」的譯法，而非其他佛學譯著逐字逐句「亦步亦趨」的嚴謹方式，希望盡可能呈現出原文中那機智、幽默、清新動人的風格，儘管如此，忠實於作者原意仍是第一考量。如果讀者發現有「彈性過了頭」之處，或有任何錯誤之處，請原諒譯者的能力不足。

本書得以完成，感謝天下雜誌出版社的大力支持，謝謝總編錦綿，謝謝世斌兄，很榮幸得到您們的大力相助。謝謝奚淞破例的同意提供他的版畫做為本書封面，謝謝水腦在「百忙的假期」中捲起袖子鼎力相助，畫出可愛的插圖*。

在譯稿過程中，謝謝 Mary Chung 耐心為我解答那麼多英文、佛法和美國文化的問題，並提出實用的建議。謝謝 Wendy 和 Wenny 的溫暖支持並在試讀時提出的好意見。謝

* 編按：此處指的是 2013 年初版《叛逆的佛陀：回歸真心 莫忘初衷》的編輯團隊與封面設計及內頁插圖。

謝 Anita Ho，Joshua Erickson 和阿雅（Arya）。特別要感謝我的妻子玉琪（YoYo）擔任本書的主編，她的美感、洞見和文字功力，熱情、盡責的，融入書中每個細節，化為此起彼落的美好，勞苦功高卻隱身幕後溫柔微笑。謝謝，和你們合作是很快樂的時光。

最感謝的當然是本書作者竹慶本樂仁波切，謝謝你讓我們有機會更深入這趟動人的旅程，謝謝你成為我們的善知識：心靈之友。

但願書中所有美好，如光芒般融進每一位讀者心海，然後大家都驚喜的發現，原來自己的心也會發光。

哲也

國家圖書館出版品預行編目（CIP）資料

在自由的路上：解放執著的束縛，找到內心的叛逆佛陀，渴求的答案就不遠了／竹慶本樂仁波切（Dzogchen Ponlop Rinpoche）作；哲也譯 . -- 第二版 . -- 臺北市：天下雜誌股份有限公司，2023.11
320 面；14.8×21 公分 . --（心靈成長；104）
譯自：Rebel Buddha : on the road to freedom.
ISBN 978-986-398-908-0（平裝）　1.CST: 藏傳佛教 2.CST: 佛教修持

226.965　　112010756

心靈成長 104

在自由的路上

解放執著的束縛，找到內心的叛逆佛陀，渴求的答案就不遠了

Rebel Buddha: on the road to freedom

作　　者／竹慶本樂仁波切（Dzogchen Ponlop Rinpoche）
譯　　者／哲也
責任編輯／史玉琪（特約）、何靜芬
封面設計／ Javick 工作室
內頁排版／中原造像股份有限公司

天下雜誌群創辦人／殷允芃
天下雜誌董事長／吳迎春
出版部總編輯／吳韻儀
出版創意總監／蕭錦綿
出 版 者／天下雜誌股份有限公司
地　　址／台北市 104 南京東路二段 139 號 11 樓
讀者服務／（02）2662-0332　傳真／（02）2662-6048
天下雜誌 GROUP 網址／ www.cw.com.tw
劃撥帳號／ 01895001 天下雜誌股份有限公司
法律顧問／台英國際商務法律事務所・羅明通律師
製版印刷／中原造像股份有限公司
總 經 銷／大和圖書有限公司　　電　　話／（02）8990-2588
出版日期／ 2016 年 12 月 01 日第一版第一次印行
　　　　　2023 年 11 月 01 日第二版第一次印行
定　　價／ 420 元

書號：BCCG0104P
ISBN：978-986-398-908-0（平裝）

直營門市書香花園　地址／台北市建國北路二段 6 巷 11 號　電話／（02）2506-1635
天下網路書店　shop.cwbook.com.tw
天下雜誌我讀網　books.cw.com.tw/
天下讀者俱樂部 Facebook　www.facebook.com/cwbookclub